ANTEQUERA NAPOLEÓNICA

ExLibric

JOSÉ LUIS SÁNCHEZ-GARRIDO Y REYES

ANTEQUERA NAPOLEÓNICA

EXLIBRIC

ANTEQUERA 2022

ANTEQUERA NAPOLEÓNICA
© José Luis Sánchez-Garrido y Reyes
© de la imagen de cubierta: enefecto.es (Alcalá de Guadaira)
Diseño de portada: enefecto

Iª edición

© ExLibric, 2022.

Editado por: ExLibric
c/ Cueva de Viera, 2, Local 3
Centro Negocios CADI
29200 Antequera (Málaga)
Teléfono: 952 70 60 04
Fax: 952 84 55 03
Correo electrónico: exlibric@exlibric.com
Internet: www.exlibric.com

ISBN: 978-84-19269-72-0
Depósito Legal: MA 1018-2022

Nota de la editorial: ExLibric pertenece a Innovación y Cualificación S. L.

JOSÉ LUIS SÁNCHEZ-GARRIDO Y REYES

ANTEQUERA NAPOLEÓNICA

A las personas que queremos a Antequera

Prólogo

Mi padre es, sin duda alguna, un genio. No digo que tenga una mente privilegiada de científico, pero sí puedo asegurar que tiene un corazón fuera de lo común. Digamos que tiene el corazón de un genio.

Su principal obsesión no es tanto el afán de estudiar y conocer —que, por supuesto, también—, sino que reside en el incesante esfuerzo y trabajo de transmitir a los demás lo que él aprende. Es decir, compartir. ¿No es esa la mayor generosidad?

De pequeños, mis hermanos y yo nos dormíamos al son del ruido de su máquina de escribir. Pasado el tiempo, ya siendo adolescentes, al regresar a casa después de nuestras largas salidas nocturnas, temerosos de ser sorprendidos fuera del horario establecido, el repiqueteo de su máquina era la alarma que nos avisaba cuando aún seguía despierto.

Otros padres se enfadarían con sus hijos cuando estos llegan a horas intempestivas, levantarían la voz y soltarían una buena bronca; el nuestro jamás hizo una cosa así. En cambio, nos dejaba escritos que chillaban más que cualquier progenitor malhumorado, porque la relectura de los mismos te llegaba hondo al estómago y a la mente, como una lección encapsulada que se disuelve lentamente en tu cuerpo. Supongo que para entonces ya sabía bien que el poder de la palabra escrita no se la lleva el viento y que la lección queda impresa para repasarla las veces que sean necesarias.

Tampoco daba ni da consejos. Siempre insistía en que lo mejor que podía ocurrirte es que te equivocaras y así aprendieras más. De este modo tampoco se equivocaba él.

A nuestras súplicas e insistencias de alguna ayuda paternal para tomar decisiones complicadas, se limitaba a repetir: «¡Las tres pes! Preparación, preparación y preparación».

Presionado por nosotros, familia, compañeros de trabajo y la vida en sí misma, se jubiló recientemente, traspasado ampliamente el límite que le correspondería. Y es entonces cuando su mejor talento ha podido manifestarse al librarse de las ataduras de los compromisos: escribir.

En apenas unos años se nos presenta con su libro número diecinueve, para sorpresa del mundo mundial, este que tienes en tus manos: *Antequera napoleónica*.

Escribir un libro de base histórica no es cualquier cosa, obliga a un estudio profundo y una dedicación absoluta de muchas y muchas horas. Pero tiene mi padre una gran ventaja sobre cualquier otro escritor: no escribe amedrentado por la crítica, no escribe acobardado por el léxico, probablemente no escriba para dar lecciones de ningún tipo. Escribe simplemente para compartir contigo, para entablar un diálogo íntimo. Escribe para dar, no para recibir.

Por eso me reitero en que mi padre es un genio de corazón.

Confío en que disfrutes con la lectura de este libro. Cuando leas entre líneas, entonces, entenderás de qué te hablo.

Eva María Sánchez-Garrido García

PRIMERA PARTE

COMO PRINCIPIO

1. Preámbulo

Dentro de los actos culturales del Club de Leones de Antequera, en el curso 2020-2021, se incluyó en el programa dar una conferencia por mi parte sobre el tema que yo eligiese, pero con la pandemia del COVID no se llegó a efectuar. Elegí el de «La ocupación de Antequera por las tropas de Napoleón». Era el presidente de la institución don Salvador Casaus Hazañas.

La misma se ha postergado para el curso 2021-2022, donde se retoma la cuestión siendo su presidente don Agustín Jiménez Alarcón. Durante este tiempo he venido leyendo e ilustrándome sobre el tema de referencia, del que solo tenía algunos conocimientos generales.

El contenido lo elegí porque es un episodio importante que considero fascinante y de gran interés en la historia de Antequera. Es el fin de una época y el comienzo de otra, y considero que debe ser más conocido para aquellos a los que nos gustan las cosas de Antequera y la queremos. Ahora, ya jubilado, puedo permitirme estos trabajos, que antes me eran imposibles e impensables.

Hay sobre el particular un interesantísimo estudio de Francisco Luis Delgado Torrejón, fruto de muchos años de investigación profunda. El título del libro es *Antequera, 1808-1812. De la crisis del Antiguo Régimen a la ocupación napoleónica*. Y así, con lo leído en internet y otros libros, más mis reflexiones personales y algunas deducciones por mi parte, construí la conferencia, donde preparé una compilación de las conclusiones.

Este discurso lo pronuncié el 26 de abril de 2022 en el Ilustre Colegio de Abogados de Antequera, con la presidencia del decano del mismo, don Luis Moreno Aragón, y del Club de Leones de Antequera, don Agustín Jiménez Alarcón, y resaltando por mi parte la gran colaboración de la Sra. María José Pérez Vergara, miembro de dicho colegio. Mi presentación como ponente fue efectuada por mi queridísima hermana Mely Sánchez-Garrido Reyes.

El mismo ha tenido relevante éxito, porque está claro que los antequeranos queremos saber cosas sobre nuestra historia y yo lo llevaba muy preparado y estudiado, de tal forma que no tuve que recurrir a leer nada y utilicé un lenguaje coloquial y cercano, que sé que siempre se agradece.

Con este discurso, lo leído y estudiado, he escrito este libro, con el deseo de que su lectura sea fácil y amena.

La venta de un lote destacado de ejemplares se destinará en su totalidad a Club de Leones de Antequera, entidad de honda raigambre en la ciudad y que todo lo que recauda, como es conocido, se dedica a obras sociales.

En definitiva, lo que pretendo es bastante sencillo, y es que de su lectura se obtenga una idea clara de cómo fueron los acontecimientos, que resulte más agradable su lectura y el lector acabe el libro.

No es un libro de investigación, es simplemente un libro de información de hechos muy cercanos a la realidad.

Hoy en día, lo moderno son los libros por internet, de lectura o de audición, y cada vez más poderosos medios informativos a la carta, así no se ocupa sitio en casa; yo soy de esos antiguos cada vez más escasos, prefiero el volumen físico, tocar el libro, cambiarlo de sitio y que me acompañe. Lo virtual no es mi terreno para una lectura reposada.

Cuando ya no esté en este mundo, quiero al menos dejar algunos recuerdos, como es que haya un libro mío en algún lugar olvidado de la estantería de alguna biblioteca. Me parece esta otra forma de estar no estando ya físicamente.

Ahora que, evidentemente, lo que me queda de vida es poquito, y lo digo con la mayor naturalidad del mundo, no soy nada pesimista, pues en cierta manera, en el estudio y la escritura, sigo teniendo una importante actividad que me hace vivir más.

He pasado de una vida profesional activa, sin un minuto de tiempo libre —como le ocurre a la inmensa mayoría de las personas—, a la calma más total con la jubilación, y, desde luego, el cambio ha sido magnífico.

Trabajar para el sustento de cada día y los gastos imprevistos, con una vida llena de incertidumbres, no deja de ser una pesadilla, en un mundo selvático de competencias, zancadillas y tensiones, no generalizadas, pero sí excesivamente abundantes y demoledoras, así que veo la jubilación como una maravilla a pesar de mi sordera y que mi salud no es demasiado fuerte.

Lo malo de los que acabamos la vida laboral es que ves que estás viviendo una película cuyo final se acerca.

Ojalá este libro mismo sirva de inspiración en su momento para el rodaje de una película que permita más la difusión de nuestra Antequera. Viendo tantos bodrios sin argumento en televisión, más vale leer algo basado en hechos reales, que nos posibilite saber nuestro pasado; el presente es una consecuencia del pasado, y el futuro, Dios dirá. Tiene la ciudad, sugiero, que invertir en proyecciones de cine de nuestra historia, como forma de promoción y, en definitiva, de creación de riqueza. Afortunadamente, contamos con una larga historia.

Se ha escrito mucho sobre Napoleón y la guerra de la Independencia, hay bastante información, he contado en Amazon hasta ochenta libros de este tema en venta en la actualidad, aparte del mundo de conocimiento que supone internet, aunque también hay demasiada basura.

El nombre de «guerra de la Independencia» yo no lo veo correcto, pues no se ajusta a lo que pasó. Quizá un nombre más apropiado podría ser «guerra de los Seis Años» o, quizá mejor, «guerra de la Ocupación». Porque estimo que «guerra de la Independencia» es más apropiado para un país que fue independiente, dejó de serlo en un período largo y luchó por su independencia. Pero en nuestro país se trató más de una lucha contra una ocupación extranjera no admitida desde el primer momento.

Antes, durante siglos, habíamos sido una provincia del Imperio romano y hablábamos latín; después vinieron los años de la invasión de los bárbaros del norte de Europa y, posteriormente, un califato musulmán esplendoroso, que integraba todo lo anterior y que ocupaba una gran parte de España, que acabó dividido en taifas, y de ahí su pérdida de fuerza.

Una conquista que se llevó a cabo poco a poco por parte de los castellanos, principalmente, y también aragoneses de cada una de las taifas, hasta que cayó el último. Invasión feroz de las tropas del norte de España, que consiguieron suprimir todo lo que oliese a otra religión, a otra cultura que no fuese la cristiana, donde eran los líderes, y se cargaron la civilización que había, en muy alta medida, que era culta y refinada.

Con ello vinieron unos siglos esplendorosos de España como imperio donde «no se ponía el sol», el país más importante del mundo posiblemente, y la caída terrible a partir de un poco antes de la guerra de la Independencia, fueron tiempos adversos.

Después de un estupendo siglo XVIII para Antequera y bueno para España entera, llegamos al siglo XIX (1801-1900), que fue catastrófico para la ciudad y el país. Esto ya, de alguna manera, se veía venir unos pocos años antes.

La caída calamitosa en picado de 1801-1900, salvo algunos lapsus concretos, continuó en el siglo XX, culminando en la Guerra Civil y las secuelas posteriores, que fueron el remate para una España ya depauperada desde antes de la misma.

Después de la Guerra Civil vinieron los años del hambre y del racionamiento, el posterior resurgir y, por fin, la democracia y el espaldarazo enorme de entrar en la Comunidad Europea, que ahora vemos con cierta incertidumbre, con la deserción de unos socios muy importantes como son los británicos, el amanecer esplendoroso de China y la incógnita de Rusia. Demasiados enigmas en un mundo donde los ciudadanos de a pie solamente queremos paz y trabajo digno en su inmensa mayoría.

El mundo, mientras tanto, sigue dando vueltas y vueltas alrededor del Sol. Vueltas y vueltas y más vueltas, sin parar, siempre girando. Cientos, millones de vueltas, millones de años, sin pausa alguna. Nosotros solo vivimos en este mundo pocas de esas vueltas.

2. La historia no es como nos la han contado

La historia no es, en gran medida, como nos la han explicado. Al menos en mi caso, nacido en 1944, la historia que me enseñaron era diferente. Realmente, esta asignatura ha tenido y tiene muchas versiones.

La verdad absoluta no existe, dicen. Hay que leer interpretaciones diferentes y sacar conclusiones que tampoco serán verdad. Todo es etéreo; sin embargo, necesitamos convicciones firmes.

Yo, ingenuo de mí, me creí la historia que me enseñaron, nunca dudé de mis profesores, pero ahora sí, dudo de los textos que se utilizaban, que transmitían una versión de la historia que en alta medida no era fidedigna; además, la historia cada uno la narra según le interesa, o le mandan, o le enseñaron, y se cuenta de muchas maneras para crear tendencias o, sencillamente, porque es la historia oficial y no había opción de investigar como ahora. O se relata una historia cómoda y sencilla, cuando es sumamente compleja, simplemente para no tener que pensar, lo cual requiere esfuerzo y sobrecarga cerebral.

Pero uno se creía la historia que nos enseñaban, y después resulta que, sobre un fondo de verdad, se nos ha explicado una historia deformada por causas varias, fundamentalmente políticas.

Uno piensa que la historia recibida es la real y, si no es correcta, sacamos conclusiones equivocadas que conforman la vida.

Lo que se ve y escucha en la televisión, en alta medida, también es una forma de contar el presente diferente, irreal. Y nos vamos formando y conformando a base de historias, en su mayoría, falsas, lo que sin duda es un problemón.

No sé si en la educación de hoy existe un enfoque correcto de la historia, tengo mis dudas, habida cuenta de algunas conversaciones con jóvenes; sufro al constatar lo poco que saben. Y tampoco sé si la historia que se les imparte es objetiva o suele ser como casi siempre, parcialita. Tampoco sé si los alumnos la aprenden o no.

En fin, el futuro se basa en buena medida en los cimientos de la historia. No llego a entender a aquellas personas a las que la historia no les interesa para nada, y son muchas, ya que el futuro es, en definitiva, una continuación del pasado, y viendo este, sacamos muchas reflexiones para el presente y para el porvenir.

Aunque el final es claro, nos moriremos todos de una forma u otra. Aunque no sé en el mañana, con tanto desarrollo tecnológico, dónde estarán los límites.

Quizá ahora en la época de la comunicación estamos desarrollando un nuevo sentido con WhatsApp, la Web, los *e-mails*, Bizum, la inteligencia artificial, el metaverso y no sé cuántas cosas más, todos estos modernismos que conllevan demasiadas informaciones falsas o *fake news* tendenciosas, creando mentalidades adictas a unas políticas obcecadas.

Estamos entrando en otra época histórica, la digital. Pienso que ya ha pasado la Edad Contemporánea y no nos hemos parado a cambiarla de nombre por el momento.

Realmente, los cambios producidos o que se están produciendo a causa de las comunicaciones y la digitalización hacen que el desarrollo técnico crezca de una forma alucinante, tremenda, y lo que nos quedará por ver.

Vamos dirigiéndonos hacia nuevos tipos de relaciones sociales, algunos de los cuales no son hoy ni imaginables, pero sí muy distintos. Pero, sin duda, creo en un mundo cada vez mejor.

Dentro de esta complejidad, tenemos la suerte de tener Antequera, una ciudad como pocas, de un importante valor histórico, por lo que una fuente principal para su progreso en el futuro es potenciando su historia, lo bueno y lo malo con toda naturalidad.

SEGUNDA PARTE

ENTRADA DEL EJÉRCITO FRANCÉS EN ANTEQUERA

3. El 2 de febrero de 1810 en Antequera

La noche fría del 1 al 2 de febrero de 1810, los antequeranos apenas durmieron. Por la mañana, desde el amanecer, los que desde la población ven la Peña de los Enamorados la miraban atentamente, para ver en su falda el avance del ejército francés.

Se sabía que las tropas habían pasado la noche cerca de Archidona, la voz corrió como pólvora por las calles de Antequera. Estaba prevista la llegada el día antes, pero se retrasaron. Los corazones antequeranos palpitaban de inquietud, ansiedad, angustia, ante una situación nueva con desasosiego y temor.

Esa mañana, en torno a las diez, por fin se iniciaba la entrada de la caballería de vanguardia por la Puerta de Granada, engalanada con flores para la ocasión, continuando por la calle Belén, Carrera y Calzada a la plaza de San Francisco, como plaza principal de la ciudad, donde estaba un edificio modesto, el ayuntamiento, en el que se hacía todo lo posible para, gustase o no, recibirlos como amigos.

El acceso a Antequera desde Granada en aquellos tiempos era por el puente de los Remedios.

Muchas ventanas cerradas. Los antequeranos, expectantes, miraban por las rendijas o a través de los visillos. Otros, los menos, se instalaban en las ventanas y los balcones.

Cuando entraron a la plaza de San Francisco —no existía en aquellos tiempos el mercado y la plaza era más grande—, todo estaba atestado de soldados, que llenaron también las calles confluentes a la plaza, calle Trasierras, Toril, Santa Clara, Duranes y Calzada.

Las tropas que llegaron ese día estaban integradas por cuatro unidades de caballería, en total unos 1.500 soldados aproximadamente, todos a caballo, que suponían cuatro regimientos, con sus banderas al viento y con redoble de tambores, y las campanas de todas las iglesias de Antequera repicando.

Según decían, las autoridades francesas venían a arreglar el mundo. Nos engañaron.

El ropaje que utilizaban todas las tropas de Napoleón era variado, costoso e innovador en la época, para así apabullar al enemigo, para que vieran sus oponentes que eran seres superiores, muy elegantes y limpios, con altos cascos y hombreras, consiguiendo unos desfiles impresionantes, espectaculares, ostentosos, que quedaran para siempre en la retina de las personas que los contemplaran. Con los altos cascos daban la sensación de ser soldados más altos y las hombreras daban apariencia de espaldas más anchas, produciendo impresión de más fortaleza.

Así pues, el ropaje de los soldados era caro, y cada soldado tenía de tres tipos: uno para gala, otro de campaña y otro para cuando estuviesen de descanso. Había diversidad de uniformes según la unidad. En definitiva, se cuidaba que el vestuario tuviese bellas líneas. Solo se confeccionaban tres tallas estándares.

En las normas del ejército de Napoleón, absolutamente nuevas en su época, no solo por el uniforme, sino por muchos rasgos diferenciales, los mandos trataban a los soldados como personas muy importantes y con mucho respeto, y los soldados igualmente entre ellos, y muchos eran de pasado dudoso. Se les exigía un tratamiento exquisito con los compañeros, lo que producía en la soldadesca un cúmulo de satisfacciones, se sentían más motivados, más distinguidos, más importantes. No estaban permitidas las familiaridades.

No había castigos corporales para la tropa, los delitos se condenaban a muerte. Si eran menores, se les expulsaba del ejército, despojándolos de sus vestimentas de soldado y dinero, y lejos de casa y con otro idioma, era un panorama nada apetecible. No se andaban con remilgos. La disciplina era impresionante, muy dura.

Prácticamente, salvo algunas excepciones puntuales, la invasión de los franceses en Andalucía fue un paseo militar, y donde hubo alguna resistencia, la doblegaron salvajemente para que sirviese de escarmiento y ejemplo.

El 3 de febrero de 1810, un día después de entrar en Antequera, fue ocupada Sevilla también, y tampoco hubo resistencia. Era absurdo oponerse y perder la vida ante tan poderosas y organizadas fuerzas armadas.

Las milicias de Napoleón, a la hora de entablar el combate, concentraban sus fuerzas en un punto, y no en largos frentes, e imprimieron a sus avances mucha velocidad en el ataque y mucha celeridad en sus desplazamientos de un punto a otro. Mantenían un continuo movimiento, tanto de día como de noche, para sorprender al enemigo y aparecer inesperadamente, en lo posible; andaban, normalmente, unos treinta kilómetros diarios en sus traslados.

Al entablar batalla, las tropas actuaban muy concentradas y a gran velocidad, en perpendicular hacia el frente del oponente, por lo que eran muy difíciles de frenar, dividiendo al enemigo en dos, con lo que lo debilitaba, rompiendo las líneas del frente y atacando simultáneamente por los flancos.

Las tropas imperiales estaban compuestas por soldados «activos» de lucha de primera línea y otros «pasivos» de refuerzo. Los primeros se encargaban de ganar la espalda al enemigo con mucha rapidez y los segundos se reservaban para lugares más fáciles.

El mantenimiento de las tropas se hacía con cargo al país conquistado. Acompañaban al ejército carniceros y rebaños de ganado, carros con vituallas y molinos de harina portátiles, entre otros medios de intendencia. También acompañaban al ejército carruajes de particulares que vendían toda clase de alimentos y todo aquello que los soldados les requerían.

La tropa se aprovisionaba a través de las autoridades de los ayuntamientos conquistados, mediante requerimientos concretos por escrito, aparte de enajenaciones a particulares que estimasen sus mandos.

La alimentación del enorme ejército era un problema que motivaba un gran número de deserciones cuando no había alimentos suficientes en el país invadido. El saqueo no estaba permitido para la tropa, salvo en excepciones, que por las causas que fuesen se les autorizaba.

El salario de los soldados procedía de cantidades exigidas a los conquistados.

El duro sistema impuesto por el ejército francés produce, lógicamente, la quiebra de las poblaciones ocupadas, si la misma no se hace de forma rápida, así como la ruina y el hambre de sus habitantes, a la vez que odio a los ocupantes militares.

A todos los soldados se les pertrechaba con fusil, bayoneta, cartera de munición, mochila, cantimplora y manta.

Napoleón, como es bien sabido, tenía una memoria prodigiosa y unos detalles que desataban leyendas: se quitaba su Legión de Honor para ponérsela a un valiente en las mismas batallas en las que él participaba, enviaba bebidas calientes a los puestos de guardia... Sus soldados eran admiradores de Napoleón. Por tanto, era una persona idolatrada.

Su ejército se dividía en cuatro ramas: caballería, infantería, artillería e ingenieros, y cada rama en diversas secciones.

El principal cuerpo de la caballería eran los Dragones, pues participaban tanto en las batallas como en la vanguardia de los desplazamientos y también en el patrullaje. Llevaban casco metálico, pero no coraza —que sí llevaban los coraceros—, e iban armados con sable de doble filo, pistola y carabina, por lo que podían desplazarse rápidamente y luchar y defender una posición como si fuesen infantería. Esta constituía la vanguardia que entró en Antequera.

Los cuerpos especializados en el ejército francés eran muy variados. El más representativo de la caballería eran los húsares, que iban armados con sables curvos y ligeros y pistola (oficiales). Su principal función era debilitar al enemigo con cargas rápidas. Sus uniformes eran particularmente coloridos y profusamente decorados, destacando por incluir un chaquetón de piel gruesa y rígida, que era capaz de resguardar a su dueño de cortes de sables y bayonetas.

Los cazadores a caballo eran los ojos y oídos de los ejércitos de Napoleón, pues se usaban para operaciones de reconocimiento, manteniendo informados a los comandantes de los movimientos enemigos, al tiempo que «cazaban» a las tropas de reconocimiento e inteligencia del enemigo. Iban armados con carabinas, pistolas y sables curvos y ligeros. Eran los jinetes más veloces y habilidosos en maniobras individuales y llevaban vestimenta de color verde para facilitar su camuflaje.

La infantería (granaderos y fusileros) era el grueso del ejército. Los regimientos de infantería se componían de cuatro batallones, y cada batallón tenía seis compañías, cada una de ciento veinte hombres.

La artillería era la espina dorsal de las tropas de tierra (Napoleón había sido previamente oficial artillero). El perfecto entrenamiento de las dotaciones al servicio de la artillería permitió a Napoleón Bonaparte mover estas armas con gran velocidad para machacar y abrir brecha en las líneas enemigas. Los cañones franceses tenían barriles de latón en sus carruajes, ruedas y sus avantrenes estaban pintados de verde oliva.

Mientras la gloria en las batallas se la llevaban los cuerpos aquí comentados, el de ingenieros, es decir, los constructores de puentes (los pontoneros), era una parte indispensable de la maquinaria militar.

Lo que ocurre es que era un ejército muy poderoso y bien estudiado y entrenado para las batallas a campo abierto y en España se encontró otra estrategia, la guerra de guerrillas, que era otro mundo para el que no estaban preparados y que estaba olvidado en aquellos tiempos. La misma consiste en luchar contra un enemigo disperso, que no se sabe dónde se encuentra, que ataca solo a grupos pequeños de forma rápida, imprevista y puntual, y que se retira muy rápido. No son batallas concretas, es un desgaste continuo.

El ejército francés se marcha de Antequera el 3 de septiembre de 1812. Permanecieron, pues, en Antequera treinta y un meses, que son muchísimos.

Antes de la llegada de este, se había pactado entre los mandos militares y la alcaldía que serían bien recibidos por los antequeranos y ellos nos tratarían caballerosamente, pero existía miedo, no obstante. Al frente de la comisión francesa vino el general Milhaud. De todo ello se había informado ampliamente a los ciudadanos.

El cabildo antequerano procuró dar todas las facilidades, indicando que Antequera alababa y agradecía que estuviesen en la misma y que contaran con toda su colaboración, y les dio la bienvenida.

El corregidor, mediante un bando, hizo todo lo posible para que los antequeranos acogiesen como amigos a los franceses, que no hubiera confrontación, porque sería fatal para los ciudadanos, y que se tuviesen, por consiguiente, todos los miramientos posibles.

Apenas llegan, se establece un bando que dicta que en veinticuatro horas las armas de los antequeranos tienen que ser entregadas en el palacio del conde de Colchado en calle Cantareros; a los que se les encuentren posteriormente armas se les advierte de fuertes represalias, lo que hace aventurar un fin dramático, claramente. La situación estaba nítida, no daba lugar a la confusión.

Lo primero que hacen el mismo día 2 es ir a la iglesia de San Sebastián, la cual ya no era desde hacía muchos años colegiata, es la iglesia mayor y más importante de la ciudad, donde hay planificado un acto de juramento y fidelidad al rey José Bonaparte por lo más granado y representativo de Antequera. Unas ochenta personas son las citadas, que juran y firman un documento de adhesión junto al alcalde y los concejales, que desde primera hora de la mañana estaban allí esperando.

Le había requerido el mando francés al Ayuntamiento, en un escrito recibido pocos días antes de la llegada, sin más explicaciones, que preparasen 10.000 comidas.

A Antequera llegan dos días después, es decir, el 4 de febrero, las de infantería que van a la ocupación y conquista de Málaga, unas 5.000 personas, por lo que durante unas pocas horas Antequera fue un hervidero de soldados, que pernoctaron en las afueras de la ciudad.

El ejército de Napoleón no solo estaba integrado por franceses, sino que había unidades formadas de los países que había conquistado y que eran homogéneas. Así, todos los soldados de infantería comentados que entraron en Antequera eran polacos, y sus mandos, igualmente, polacos.

El día 5 al amanecer, salen todos para Málaga. No queda nadie de las tropas en Antequera, solo un pequeño retén.

En nuestra ciudad se habían marchado previamente a la ocupación muchos antequeranos, los que antes habían combatido al francés o se habían señalado antifranceses. Se fueron al campo, a casa de algún amigo. Los menos permanecieron en Antequera, y otros se fueron a la sierra del Torcal, con los guerrilleros que en esos momentos empezaban a formarse. Tenían claro lo que podía ocurrirles en Antequera.

Para tener un contexto de la situación general, voy a comentar lo más brevemente posible cómo era Francia en la época de Napoleón en un apartado y, en otro, cómo era España en aquella época, para centrarme después en la ocupación de Antequera, que es el objetivo principal de este libro, y conocer qué nos ocurrió.

Antes de ello, para abrir boca, he descrito el inicio de la ocupación.

TERCERA PARTE

LA FRANCIA DE AQUELLOS TIEMPOS

4. Francia antes de Bonaparte

La corriente de pensamiento en Francia en el siglo XVIII se llama la Ilustración, cuyos principios se basan en el sentido común, la igualdad, la libertad y la fraternidad, lo cual había servido de impulso en 1775 para que los trece estados que componían Estados Unidos pudieran conseguir su independencia, siendo el trampolín para el inicio posterior de la Revolución en Francia.

La Revolución francesa marcó el inicio de la Edad Contemporánea, al sentar las bases de la democracia moderna. Abrió nuevos horizontes políticos basados en la soberanía popular, que será el motor de posteriores revoluciones en la misma Francia. Fue el detonante de las democracias occidentales.

La Revolución, en definitiva, condujo al fin del feudalismo en Francia, con reyes dotados de poderes absolutos, y sirvió de modelo y guía al resto de Europa, comenzando en Francia una época muy agitada, de fuertes tensiones provocadas por pensamientos diferentes, que fueron los cimientos de la democracia.

La Revolución francesa se desarrolló desde 1788 a 1799 y determinó una gran lucha entre lo que se llama el Antiguo Régimen y la nueva sociedad dentro de la Edad Contemporánea, que arranca en 1789 con varios sucesos históricos importantes.

Se considera que la Revolución francesa tuvo dos fases fundamentales: una primera fase de monarquía constitucional entre 1789 y 1792, y una segunda fase republicana hasta 1799.

En la primera fase, el asalto a la Bastilla, que era una prisión y fortín símbolo de la monarquía, el 14 de julio de 1789 fue secundado en toda Francia. Era consecuencia de muchos factores, entre ellos, principalmente, el aumento importante de la población, el hambre, el paro, la deuda pública, la inflación y, en definitiva, la pobreza.

La Revolución se enfrentó duramente con la Iglesia católica, que pasó a depender directamente del Estado. En 1790 se elimina la autoridad de la Iglesia para imponer impuestos sobre las cosechas y se confiscaron sus bienes en Francia.

Posteriormente, se redacta la primera Constitución el 3 de septiembre de 1791. Bajo esta Constitución, Francia funcionaría como una monarquía constitucional, aunque el rey tenía poder de veto y potestad para elegir a los ministros.

Más adelante, se depone al rey y se inicia la Primera República. Se quita al rey por no respetar la Constitución, se juzga y es llevado a la guillotina, donde posteriormente es ejecutada también la reina.

El gobierno pasó a depender de la Comuna Insurreccional, la cual envió grupos de sicarios a las prisiones, asesinando a 1.400 personas, y cuando pidió a otras ciudades de Francia que hicieran lo mismo, la Asamblea no opuso resistencia.

Esta situación persistió hasta el 20 de septiembre de 1792, en que se creó un nuevo cuerpo legislativo denominado Convención, que de hecho se convirtió en el nuevo Gobierno de Francia. El poder legislativo de la nueva República recayó en el Comité de Salvación Pública, iniciándose la segunda fase.

Son hechos revolucionarios, entendiendo como revolución una evolución muy rápida. Los cambios sumamente repentinos son, por lo general, traumáticos e inadecuados; es más sensato llevar a cabo las modificaciones de manera pausada pero continua, midiendo tiempos, permitiendo que la evolución sea permanente, estable y constante.

La Iglesia estaba en contra de la revolución en alta medida, lógicamente, y muy pocos miembros del clero estaban de acuerdo con la misma. Más tarde, los miembros del clero pasaron a ser empleados del Estado, lo que constituyó para ellos una dura represión, siendo común la prisión y masacre para los sacerdotes. Ya en 1801, el concordato con la Santa Sede finalizó esta situación y se establecieron normas de convivencia, que se mantuvieron firmes hasta 1905, cuando la Tercera República sentenció claramente la separación entre Iglesia y Estado.

Se redactó en 1793 una nueva Declaración de los Derechos del Hombre y del Ciudadano, la primera del mundo, así como una nueva Constitución de tipo democrático que reconocía el sufragio universal solo a hombres.

El Comité de Salvación Pública cayó bajo el mando de Maximilien Robespierre y se desató lo que se denominó «el reinado del Terror» (1793-1794), mucho más grave que los asesinatos anteriores. No menos de 12.000 personas fueron guillotinadas en plazas públicas por acusaciones de actividades contrarrevolucionarias. La menor sospecha de dichas actividades podía hacer recaer sobre una persona acusaciones que, eventualmente, la llevarían a la guillotina.

La corrupción se integró en el Gobierno republicano.

Esta situación se acaba con la llegada de Napoleón. El 9 de noviembre de 1799 (18 de brumario del año VIII, según el calendario republicano francés, que había sustituido al calendario gregoriano de la Iglesia católica), Napoleón Bonaparte, de regreso de la campaña de Egipto, dio un sorprendente golpe de Estado con el apoyo popular y del ejército guiado por la anarquía imperante.

Napoleón era, en definitiva, un general republicano defensor de los principios de la República que dio un golpe de Estado, habida cuenta del caos y la corrupción que existía, contando con el apoyo para ello de las masas populares, cansadas de la situación.

Es el personaje más importante de la época, ya no solamente en Francia, sino a nivel mundial.

5. La figura de Napoleón

Napoleón nació en Ajaccio, isla de Córcega, el 15 de agosto de 1769 y falleció en la isla de Santa Elena, a la edad de cincuenta y un años, el 5 de mayo de 1821, desterrado, en poder de los ingleses y en precarias condiciones.

En 2021, se celebró en Francia el 200 aniversario de su muerte. Aquí en España, obviamente, no se celebró para nada, bastante daño nos había causado.

Siendo él un niño, los franceses compraron dicha isla de Córcega, hasta entonces propiedad de los genoveses.

Militar y gobernante, fue emperador de los franceses y rey de Italia. Es célebre porque se hizo con el control de casi toda Europa occidental y central en apenas diez años de conquistas y alianzas. Es considerado como uno de los genios militares de la historia.

Consecuencia de la Revolución francesa, las monarquías europeas, es decir, todos los países, incluyendo a Rusia con su zar, estaban en contra de la República francesa. Eran monarquías a la vieja usanza, enemigos de Francia, que había guillotinado a sus reyes y a muchísimos ciudadanos sin juicio previo, muchos de ellos de clases altas.

La figura de Napoleón emerge en Francia. Aunque buscaba todas las alianzas posibles, en muchos casos eligió enfrentarse a las mismas atacándolas.

Además de sus proezas militares, se le conoce por ser muy tirano, duro, enorme estratega militar y muy culto.

Implantó el Código Napoleónico, uno de los códigos civiles más conocidos del mundo entero y aún en vigor, con muchas actualizaciones, obviamente, pero con las mismas bases. Fue un personaje clave en la historia europea del siglo XIX y en su posterior evolución.

Los primeros éxitos militares del ejército francés fueron en Italia, en oposición a los austriacos y al ejército de los Estados Pontificios; batalla tras batalla, ganaba todas. En Egipto le fue bien, pero perdió la flota, hundida por el inglés Nelson cuando estaba amarrada en un puerto, aunque la escuadra no era tampoco demasiado importante.

Regresó a Francia en 1799 desde Egipto como héroe militar, encontrándose a su llegada con luchas políticas internas. Existía en aquellos momentos una coalición contra Francia, la segunda formada por sus enemigos: Austria, Rusia, Nápoles, Portugal y Gran Bretaña.

El directorio de la República era corrupto, un auténtico desastre que la llevó al golpe de Estado. Las tropas de Bonaparte tomaron el control de Francia el 9 de noviembre de 1799, imponiendo una Constitución que nombraba tres cónsules para regir el país, con Napoleón a la cabeza; los otros dos cónsules no llegaron a gobernar. Y se redactó una Constitución que lo erigió como cónsul vitalicio.

Logró una reconciliación con el papa en 1801, lo cual era complicado, habida cuenta de las creencias y los objetivos de la República francesa, y se coronó a sí mismo como emperador del primer Imperio francés el 28 de mayo de 1804, en presencia del papa.

Reorganizó el sistema judicial francés, se establecieron códigos para garantizar las libertades civiles conquistadas en la Revolución y se controló el modelo educativo en las escuelas, por ejemplo, entre muchas innovaciones.

Las diferentes coaliciones de los enemigos le impusieron a Francia participar en continuas guerras, al menos siete coaliciones a lo largo del tiempo: Reino

Unido, Rusia, Austria, Prusia, Sajonia, Países Bajos y algunos Estados alemanes, sus enemigos implacables.

El Imperio de Francia alcanzó su mayor extensión cuando Napoleón contrajo segundas nupcias con la archiduquesa María Luisa, hija del emperador de Austria; con este matrimonio, Francia alcanzó el imperio más extenso que ha tenido en todos los tiempos. Un imperio, en definitiva, se diferencia de un reino en que su poder no es sobre un solo país, sino sobre varios países y dependientes de la autoridad del emperador.

El modelo de Napoleón, en definitiva, era como retomar los antiguos sistemas romanos, actualizándolos a los tiempos para hacer de Francia lo que fue Roma con anterioridad. Pretendía ser una Europa bajo los designios de París, como hoy lo es Bruselas.

Fue un líder militar sin precedentes. Era puntual, inflexible en sus decisiones, rápido en tomar determinaciones. Sus métodos eran siempre muy simples para que fuesen bien entendidos. Luchó en más de cien batallas y ganó en su inmensa mayoría. Era un estratega firme y resolutivo que entraba en las batallas con métodos absolutamente innovadores para la época.

Su baja estatura hacía que la cabeza se viese grande respecto a su tamaño, de ahí su fama de cabezón.

No era especialmente agraciado, contaba con una barriga prominente, nariz muy grande y pocas cejas. Pero, eso sí, era tremendamente inteligente y culto.

Finalmente, fue derrotado en Bélgica en la célebre batalla de Waterloo, en 1815, por el duque de Wellington, con la Sexta Coalición. Ese mismo año fue forzado por presiones internas a abdicar el trono y exiliarse. Fue a parar a Santa Elena, donde murió en 1821.

En 1840, su cadáver fue llevado a Francia y, en 1861, fue trasladado a la tumba faraónica que se construyó en París, en Los Inválidos, conocida como una de tantas visitas turísticas imprescindibles en la actualidad, por la grandeza arquitectónica y la riqueza de materiales. En el acto de inauguración de esa nueva tumba estuvo presente el emperador Napoleón III.

Se dice que Néstor Kirchner diseñó el mausoleo de manera que todo el que quiera ver el sarcófago de pórfido rojo (roca muy dura de color púrpura) donde están sus restos debe inclinar la cabeza hacia abajo, por encontrarse más bajo, haciendo inevitable que, involuntariamente, todos los que van realicen una ligera reverencia.

6. Francia tras la caída del emperador

Inmediatamente después de Napoleón, se restauró la monarquía, pero ya sin los privilegios de antes de la revolución.

En la Francia del siglo XIX, se alternaron de nuevo años de una monarquía moderna o parlamentaria con años de Imperio y años de República.

Hubo otra nueva revolución en 1830, instaurándose de nuevo una nueva monarquía, pero de corte más liberal. En 1848 estalló otra revolución más, que obligó al rey a abdicar y vino la Segunda República francesa. Y en 1852, el presidente Luis Napoleón estableció el segundo Imperio francés.

En 1870 fue derrotada Francia por Prusia, una nación alemana, y en consecuencia se instaló en Francia la Tercera República, que dura hasta 1940.

Durante el siglo XIX, Francia se adueñó de muchísimo territorio en África y Asia y, además, consiguió industrializarse.

En España, en ese siglo perdimos las colonias y no hubo apenas inicio de la industrialización, nos encontrábamos en una situación de caída en picado.

Actualmente, Francia está en la Quinta República desde 1958.

CUARTA PARTE

PANORAMA GENERAL EN LA ESPAÑA DE AQUELLOS TIEMPOS

7. Los reyes en la España de entonces

Carlos III, al que se le llama también «el mejor alcalde de Madrid», tenía, como monarca absoluto, plenos poderes en todo y supo rodearse de un equipo de personajes preparados, muy bien formados, con lo que España, en tres décadas del siglo XVIII bajo su mandato, fue un país floreciente y modélico en muchos sentidos. Fue un rey bien valorado, en general.

Tenía por delante, por ejemplo, a la poderosa Santa Inquisición, que frenaba constantemente las reformas que él pretendía (la Inquisición fue eliminada en España por el rey José Bonaparte; después, nunca más se restableció, afortunadamente).

En esos años las líneas de pensamiento empezaban a cambiar, sobre todo en Francia, con repercusión en toda Europa. Algo se estaba gestando poco a poco, se veía venir, el ambiente estaba cambiando.

Ya a finales del siglo XVIII, le sucede a Carlos III su hijo, Carlos IV, y esto ya es harina de otro costal. Persona apocada, miedosa, blandengue y sin personalidad, lo de ser rey no iba ni con su espíritu ni con sus dotes, era más bien un tanto inútil.

Además, estaba asustado viendo cómo a su primo Luis XVI y a la mujer de este, María Antonieta, los habían juzgado en Francia y, posteriormente, les habían cortado la cabeza. Ya sabemos aquello de que «cuando veas las barbas de tu vecino afeitar, pon las tuyas a remojar», que te va a tocar pronto el turno en la barbería.

A Carlos IV lo casaron con su prima carnal, la princesa María Luisa de Parma, cuando ella tenía trece años. Era nieta la misma de Luis XIV de Francia y, según decían, más que fea era horrorosa. Espantaba la prima, se le agolpaban todas las virtudes negativas. Además, no tuvo suerte con la salud, quedando tempranamente muy estropeada, pues tuvo muchos abortos y varios hijos, en su mayoría enfermizos.

Se llevaba fatal la reina María Luisa de Parma con su nuera, la esposa del futuro Fernando VII, así que nuera y suegra arremetían una contra otra sin discreción, procurando que se enterase todo el patio, por aquello de «difama que algo queda».

Ya metidos en harina, también se dice que el futuro Fernando VII hablaba mal de sus padres, y los mismos, mal de su hijo. Una maravilla de familia.

La reina se fijó entonces en el guapo Manuel Godoy (como yo), que era un guardia real muy agradable, dicharachero y gentil que, aprovechando la ocasión, se hizo el gran amigo íntimo de la reina. Una vida nada ejemplar ni presentable, cuyo eco afectaba a toda España negativamente.

Manuel Godoy, de esta manera, consiguió ser nombrado primer ministro, lo que hoy sería presidente del Gobierno. Era inteligente, pero ni mucho menos una persona bien preparada o buen estadista. En su época, los graciosos lo llamaban Manolo I.

Nuestro rey y su corte consideraron positivo pactar con los franceses, como proponía Manuel Godoy, porque se pensaba que era mejor estar al lado de la Revolución francesa que enfrente, como la mayoría de las monarquías europeas que se aliaron contra los franceses. Empezamos sin saberlo a alejarnos del resto de Europa. Por todo ello, el rey le concedió el título oficial de Príncipe de la Paz.

Negociamos con los franceses. Tampoco estábamos para muchas alegrías y, claro, al irnos al lado francés, quedamos como enemigos del resto de Europa. Fuimos la monarquía europea que se distinguió en la época por no unirnos y aliarnos con las demás para luchar contra Napoleón, de lo que tomaron nota, y empezó nuestro distanciamiento. Y estas cosas duran.

Aquí en España, con los cuatro en palacio, el impresentable Carlos IV, su repelente señora, su hijo, el futuro y nefasto Fernando VII, y el guapo favorito, amigo íntimo de la reina, teníamos un reparto de película o un sainete teatral.

Así que las cosas empezaron a ir de mal en peor, lógicamente. El ambiente palaciego era una catástrofe, hubiese sido un espectáculo si la televisión estuviera ya inventada, se podría haber hecho una serie explosiva, de muchos capítulos.

Eran otros tiempos, en los que el poder de los monarcas era total, absoluto sobre la ciudadanía. Hoy día lo que hay no tiene nada que ver con el pasado, en una monarquía parlamentaria como la que tenemos, el rey reina, pero no gobierna, sus poderes están tremendamente limitados; no se parece en nada con la época referenciada. Se habla mucho del coste que la casa real supone para los ciudadanos, pero, realmente, en una república los gastos no serían menores, con los del presidente de la misma y, en definitiva, su corte palaciega. Diferentes personajes pero la situación similar.

El ser hoy una monarquía parlamentaria, con papeles definidos, concretos y muy limitados para el rey, se lo debemos, y mucho, a Juan Carlos I, que desde el primer momento fue adalid de la democracia, tema nada fácil de instaurar. Es muy difícil y complicado pasar de un sistema de gobierno a otro, lo vemos en lo que pasa por ahí en otros muchos países.

Alcanzar una democracia plena requiere muchos años, no es un cambio de un día a otro. No es este el mejor sistema político, pero sí es el más avanzado de la humanidad, el menos malo de todos, al menos de los que se conocen hasta ahora. Ya hemos visto recientemente cómo, por ejemplo, en los países donde los americanos han querido imponer de pronto una democracia, la misma ha fracasado. Ser demócrata requiere un largo proceso de la población y, por supuesto, de las clases dirigentes para que sea asimilado.

8. España antes de la entrada de Napoleón

En fin, volvamos a nuestra historia de España, para centrarnos seguidamente en nuestra Antequera.

Leo, rebusco y me informo sobre lo mucho que sufrimos en la misma y todo lo que perdimos.

Con la Revolución francesa y su lema «libertad, igualdad y fraternidad», termina la Edad Moderna —que se inicia en 1492 con el descubrimiento de América— y comienza en la que estamos ahora, la Edad Contemporánea, y creo que iniciamos lo que yo llamo la «Edad Digital», una apreciación mía, a la que el tiempo y los eruditos le pondrán nombre, obviamente, pero está cambiando tan rápidamente la vida que estamos entrando en una etapa diferente.

Retornamos la narración por el momento en que, asustada la Corona de España con los sucesos en Francia, procuramos aliarnos con ellos y no enfrentarnos.

El tratado de San Ildefonso en 1796, firmado con la Convención Nacional francesa, fue representado por el primer ministro Manuel Godoy en el Palacio Real de San Ildefonso (Segovia), que es una maravilla de palacio y que fue construido por el primer rey Borbón que hubo en España, Felipe V, con el estilo y gusto francés a lo Versalles. Es un palacio afrancesado que conviene visitar, impresionante, situado en la provincia de Segovia. Seguramente, eligieron esta ubicación para que los franceses se sintieran como en su casa.

Posteriormente, hubo un segundo tratado, el de Aranjuez de 1801, ya con el Consulado de Napoleón. De nuevo se eligió otro espacio con gustos muy de Francia, como lo es el Palacio de Aranjuez. Se pretendía restablecer la alianza plena entre Francia y España, tradicional desde que entró el primer rey Borbón francés en España con Felipe V, vinculación que fue, en definitiva, la causa de nuestros problemas y conflictos con los ingleses, enemigos tradicionales de la misma y también nuestros en la disputa de intereses coloniales. Con este paso, conseguimos aumentar todavía más las diferencias con los británicos.

De la lectura del contenido del tratado se deduce que España no gana mucho con ello, sino al revés. Nuestros barcos se ponen a disposición de Francia, a pesar de que el tema naval no es el fuerte de los franceses. Además, le cedemos la colonia de La Luisiana, en Norteamérica, y alguna otra concesión, mientras ellos nos pagan con su amistad, una amistad cara, desde luego.

Francia y España entran, como consecuencia de ello, en guerra naval contra los ingleses, con el alto poderío marítimo de nuestra parte y con un poder político débil en España. El mando de nuestra flota, al ser conjunta, queda en manos de los franceses, que nombran a un incompetente almirante francés como era Villeneuve y su cuadro de mandos, frente a un Nelson experimentado, y nosotros a obedecer sin rechistar.

Fue muy lamentable esta decisión de liderar la flota, ya que disponíamos en la época de un excelente cuadro de mandos militares navales. De entrada, así teníamos casi todas las de perder y nos dieron una paliza descomunal, por un fatal, pésimo y negativo planteamiento, como es bien conocido.

Aunque Nelson murió en la batalla, fuimos derrotados clamorosamente, debido a la incompetencia de dicho almirante francés. Allí cayó nuestra flota, de lo que nunca jamás nos recuperamos, y ya han pasado algo más de doscientos años, que parecen muchos, pero no son tantos; si dividimos este espacio de tiempo, son solamente tres tramos de setenta y un años. Lógicamente, sin barcos y con el lío que teníamos aquí, la pérdida de las colonias en América estaba cantada.

Aquel nefasto día 21 de octubre de 1805, en un pequeño cabo dentro del municipio de Barbate, llamado Trafalgar, fue un día más que negro en la historia de España. Después durante años continuó la mala racha, pero este fue un punto nefasto.

Yo le hubiese llamado la «batalla de Barbate». En Londres, como plaza emblemática, tenemos Trafalgar Square, aunque hubiese sido estupendo y más lógico que se llamase Barbate Square. Hubiese servido, al menos, para la promoción de ese paraíso terrenal que es mi Barbate.

Napoleón soñaba con ganar esta batalla para posteriormente invadir Inglaterra por mar. Los españoles fuimos los que más perdimos la armada. Francia tenía pocos barcos, pues los que tenía estaban en un puerto de Egipto allí atracados y, precisamente, Nelson los atacó y hundió sin salir del puerto. Francia nunca fue marinera, cuando perdimos la batalla de Trafalgar realmente perdimos los españoles. Francia no tenía apenas flota y, por tanto, poco tenía que perder y sí ganar, si le hubiese salido bien.

Los países americanos observaban nuestra decadencia y aprovecharon las guerras civiles carlistas que sobrevinieron posteriormente por la sucesión de la Corona, así como la falta de flota y el desorden en España, para independizarse. Además, con esta independencia de forma no pactada se podría haber estudiado una continuidad de amistad y relación, pero terminó en guerras, pérdidas de vidas humanas y palos económicos, uno tras otro. Cuando las cosas se hacen mal, todo rueda peor.

Aquí, después de la invasión francesa, empezamos nuestras guerras civiles, las guerras carlistas, que fueron tres: primero el padre, después el hijo y por último el nieto. Fue la consecuencia de que Fernando VII aboliese o anulase la ley sálica, la cual solo admitía la sucesión de la Corona a un varón. Como este no tenía hijos, la cambió para que fuese Isabel II la reina, de ahí que el hermano del rey Fernando VII iniciase la guerra en esta España nuestra.

Retomemos lo de aquellos años. El fracaso de las negociaciones con el Gobierno británico del primer ministro lord Grenville con Napoleón indujo a este a lanzar el Decreto de Berlín del 21 de noviembre de 1806, el enfrentamiento directo con los británicos mediante la práctica de la guerra económica total del «bloqueo» continental a Inglaterra, que ya se venía aplicando *de facto* tras el aumento de las tasas aduaneras y el cierre de los puertos del norte de Francia. Lo del bloqueo económico no es una cosa nueva de los tiempos actuales, y así empezamos otra etapa.

9. Primera fase de la invasión francesa de España

La política del bloqueo a Inglaterra orientó el interés de Napoleón hacia la península ibérica, incrementando la presión sobre la corte de Portugal, amiga de los ingleses. Le advirtió a Portugal que adoptase medidas de cierre al comercio con los británicos desde sus puertos, así como la confiscación de los bienes y el bloqueo a los ingleses residentes en Portugal.

Como los portugueses hicieron caso omiso, en agosto de 1807 Napoleón encargó a Jean-Andoche Junot la organización en Bayona del Cuerpo de Observación de la Gironda, con una fuerza de unos 30.000 soldados, para forzar a los portugueses la aceptación del bloqueo. Para ello reclamó el apoyo de la corte española, que, con este fin, envió un ultimátum al Gobierno portugués el 12 de agosto de 1807.

A partir del 25 de septiembre de 1807, los portugueses se lo pensaron mejor y, esta vez sí, expulsaron a los navíos ingleses.

Suscribimos con los franceses otro tratado, esta vez secreto, el de Fontainebleau, el 27 de octubre de 1807, y una vez firmado en Francia se le dio permiso de entrada al ejército francés en España para conquistar Portugal con nuestra ayuda y repartirnos este país. Nuestro apoyo básicamente era logístico, de facilitar el tránsito de las tropas. De modo que ayudábamos a los franceses permitiendo el paso de las tropas por España y después los franceses nos daban un trozo de Portugal; al final solo conseguimos la localidad Olivenza.

En Portugal prácticamente no hubo guerra, se hizo una invasión sin resistencia y, previamente, el rey portugués ya había huido a Argentina. Napoleón entonces dio un giro en su pensamiento, cambió de estrategia y se mentalizó: «¡Me voy a quedar también con España, lo cual es fácil!».

Napoleón menospreciaba a Carlos IV, lo cual no tenía nada de raro. Tomó el objetivo de anexionar a España, lo veía sumamente sencillo, lo mismo que su grupo de asesores, que lo alentaban.

Así pues, decidió que parte de las tropas francesas presentes en España, de regreso desde Portugal a Francia, no se fueran y se quedasen en España con el objetivo de ocupar la misma, y envió más tropas, hasta un total de 70.000 personas. Era el tema pan comido, los que venían nuevos eran poco experimentados o bisoños; total, el tema lo tenía muy de pan comido. Napoleón pensaba que esto era coser y cantar.

Que las tropas ocuparan, sin ningún respaldo de pacto ni de nada tratado, diversas ciudades españolas, como lo fueron Burgos, Salamanca, Pamplona, San Sebastián, Barcelona o Figueras, nos llenó a los españoles de asombro y estupor. Ello para nada era lo previsto y pactado.

Controlaban no solo las comunicaciones con Portugal, sino también con Madrid y la frontera francesa. La presencia de estas tropas alarmaba a toda la población, y a Godoy y a los reyes, no te quiero contar.

En marzo de 1808, temiéndose lo peor y viendo el panorama, la familia real se retiró al Palacio Real de Aranjuez, para seguir camino hacia el sur, hacia Sevilla, y embarcarse para América, como ya había hecho Juan VI de Portugal.

El 17 de marzo de 1808, tras correr por las calles de Aranjuez el rumor del viaje de los reyes, la multitud, dirigida por miembros del partido fernandino (cercanos al príncipe de Asturias por estar muy cansados del padre), se agolpó frente al Palacio Real de Aranjuez y lo asaltó, quemando todos sus enseres. En la conjura participó el próximo rey Fernando VII, en contra de su padre, de su madre y de Godoy.

El día 19 de marzo por la mañana, Godoy es encontrado escondido entre esteras en dicho palacio y trasladado hasta el Cuartel de Guardias de Corps, en medio de una lluvia de golpes.

Ante esta situación y el temor de un linchamiento, interviene el príncipe Fernando, verdadero dueño de la situación, en el que abdica su padre al mediodía de ese mismo día, convirtiéndolo en Fernando VII.

Aprovechando los sucesos derivados del motín de Aranjuez y el hecho de que tropas francesas al mando de Murat habían ocupado ya el norte de España, Napoleón «invitó» a los integrantes de la casa real española a Francia, a Bayona concretamente, y allí Napoleón forzó la cesión de la Corona española a su hermano, José Bonaparte, como José I, en las abdicaciones de Bayona el 5 de mayo de 1808.

Ya teníamos nuevo rey en José Bonaparte, todo ello con las supuestas garantías del emperador de que tanto Carlos IV como Fernando VII iban a ser ampliamente compensados para que no les faltase nada y vivieran en Italia como reyes sin trono. Un pacto sustancioso.

Así que, con esta maniobra, nos encontramos los españoles con un nuevo rey extranjero de forma legal a todos los efectos, que era el hermano de Napoleón. Una bonita estrategia trazada por los franceses, en teoría una jugada perfecta, que le salió mal. Le salió el tiro por la culata.

Napoleón contaba con información distorsionada procedente de personas que le daban sus recomendaciones desde España, desde la embajada y otros sitios diferentes, sobre el descontento del pueblo hacia Carlos IV y el deseo de cambiar de rey. Lo cual era verdad, pero no le había dicho nadie que a los españoles no nos gusta que nos impongan las cosas y, sobre todo, que un ejército ocupante, y teóricamente nuestro aliado hasta poco antes, abusase mucho y que las tropas de ocupación hicieran desmanes.

Era realmente un golpe de Estado, político, estratégico y hábil, un sistema legal para tener otro rey.

Napoleón se sentía pletórico en aquellas fechas con los triunfos militares sucesivos en Austerlitz, el 2 de diciembre de 1805, y Jena (ciudad situada en la actual Alemania, ahora llamada Saale), el 14 de octubre de 1806, alcanzando acuerdos de paz con austriacos, rusos y prusianos. Austerlitz estaba en la que hoy es la República Checa, y en dicha batalla intervino de manera intensa el mariscal Soult, después convertido en un déspota reyezuelo en Andalucía.

Muchos españoles vieron el cambio muy bien, lo mismo daba tener un rey que otro y, al fin y al cabo, eran de origen francés, uno Borbón y otro de Napoleón. En Francia, con la República, venían nuevos tiempos modernizadores. A ver si llegaban a España.

Los empleados de la maquinaria del Estado no se alteraron, no fuera a ser que los echaran y perdieran su sueldo, y no estaban los tiempos para alegrías. Antes había un rey y ahora otro, que realmente venía con ideas positivas, modernistas. Así que, en alta medida, preferían seguir con el nuevo y no perder su puesto, y calladitos y a mandar lo que usted quiera.

A estos españoles que estaban de acuerdo con que José Bonaparte fuese nuestro rey, se les llamaba los «afrancesados». Eran los que pensaban que en el Imperio francés nos iría mejor por la línea moderna y avanzada que aportaban, prefiriéndola al espectáculo dantesco de los reyes de España. Otros muchos afrancesados lo eran por conveniencia del momento. La conveniencia hace milagros.

Por primera vez en la historia, en España se establecían dos bandos diferentes, por así decirlo. Y con el tiempo las diferencias no disminuyen. La división del pensamiento iba aumentando progresivamente; posteriormente, empezó a disminuir mucho a la vista de los desmanes del ejército francés en España.

El ejército español fue, en definitiva, disuelto después de perder los diferentes enfrentamientos. Solo les quedaba a los españoles la opción de alistarse en el ejército francés, como muchos hicieron; guiados por el hambre y la penuria, no fueron pocos los que tomaron esta opción.

La Iglesia, muy preocupada por la llegada de los franceses con las corrientes que traían y lo ocurrido en Francia, temía unas perspectivas nada favorables y se alineaba con los sublevados españoles mientras podían, y si no, a contemporizar para salvar el pellejo.

En definitiva, la Administración del Estado, que además era bastante básica, era la que les había cambiado de jefe. «Lo mismo da un jefe que otro, nos quedamos igual», pensaban.

El pueblo no opinaba igual y se sublevó en Madrid el 2 de mayo de 1808. Les habían secuestrado a sus reyes y habían puesto un rey nuevo, el ejército francés en España no dejaba de cometer abusos.

La guerra de la Independencia duró seis años y se desarrolló en unas condiciones feroces. Fue la guerra más larga de Europa en esa época y tuvo lugar sin ninguna tregua. Los franceses reconocieron en varias ocasiones el valor de los españoles. Napoleón se equivocó de lleno, le salió mal el invento.

A Wellington lo hicieron duque por ganar una batalla en España contra los franceses. Fue una figura muy aclamada, que ganó después Waterloo y, posteriormente, fue primer ministro del Reino Unido en dos ocasiones.

A los ingleses les interesaba una guerra larga en España, nosotros los españoles le importábamos poco, pero nos ayudaron a parar a los franceses, de los que eran enemigos. Por el contrario, a los españoles les interesaba acabar cuanto antes con la guerra, pero no podíamos ni remotamente.

El drama de los afrancesados es muy cuestionable. «¿Son traidores o patriotas?», se preguntan algunos. Hoy se matiza más. Los hay culturales y políticos. Entre los que se fueron con José Bonaparte, había oportunistas y colaboracionistas, pero otros lo eran de buena fe o sencillamente por el hambre.

La invasión de Napoleón es el peor drama de nuestra historia de España. Una guerra muy larga, sin tregua, con tres ejércitos ocupantes abasteciéndose de la población española: el francés, el español (ejército embrionario regional que iniciaba su formación, más las guerrillas) y el inglés, que no había venido a ayudarnos, sino a hacerles la vida más difícil a los franceses. Los tres ejércitos son financiados por el pueblo llano, entre otras cosas porque no tiene más remedio, es expoliado.

La guerra de España, con las guerrillas y los ingleses, les produce demasiado desgaste a los franceses. Esto no es una batalla a campo abierto, es como un Vietnam de tiempos modernos. Ven que no pueden conseguir sus objetivos y se van marchando a Francia, poco a poco. A medida que se van, quedan aquí menos y, por consiguiente, más vulnerables, hasta que echamos al resto, con ayuda muy importante de los ingleses.

10. La sublevación española contra el emperador francés

El levantamiento contra los franceses partió de las clases populares y de los notables locales. Comenzó con una serie de motines aparentemente espontáneos, pero su reiteración y su rápida expansión por todo el país permitieron ver cierto grado de coordinación.

El detonante fue la presión de las tropas de ocupación sobre la población civil, unida a la obligación económica de mantener a un ejército depredador de alimentos y bienes de consumo, máxime cuando el país había atravesado recientemente un ciclo de hambrunas y malas cosechas. Además, el ejército francés cometía abusos, haciendo requisas, apropiándose de bienes ajenos y realizando cada vez más desmanes que tenían que afrontar los españoles.

Ya en abril se sucedieron revueltas en ciudades como León o Burgos, si bien tras el levantamiento de Madrid el 2 de mayo de 1808, las acciones contra los ocupantes se propagaron por toda la España que tenían ocupada.

El Dos de Mayo fue un movimiento popular de rebelión. «Un día de cólera», que dice Arturo Pérez-Reverte, porque no se imaginaban las consecuencias que tendría este inicio de rebelión. Es comparable con el caso de los asaltantes de la Bastilla, que no sospechaban que estaban iniciando la Revolución francesa. El Dos de Mayo prendió como la pólvora y conmocionó a Europa.

Los mamelucos eran parte de la caballería ligera de las tropas francesas procedente de Egipto, ágiles, con un uniforme con pantalón bombacho y turbante y caballos árabes. Consistían en una compañía de alrededor de 240 jinetes, que se unieron a las tropas francesas en 1801, luego de la campaña de Egipto. Peleaban equipados de la misma manera tradicional en que lo habían hecho bajo el Imperio otomano: vistiendo bombachos y turbantes, y armados con un trabuco, una o dos pistolas, un mazo pequeño, una jambia (daga) y un alfanje (algo parecido a un sable). Su arsenal y la resistencia de sus caballos árabes, al igual que su habilidad al montarlos y su lealtad a muerte al emperador, les permitieron destacarse en funciones de caballería ligera y fuerzas de defensa.

Fueron los que estaban acuartelados cerca de Madrid y salieron a sofocar a los sublevados, haciendo una horrible masacre ante los madrileños casi indefensos, actos que fueron inmortalizados por Goya, el mejor reportero gráfico de la historia, en el cuadro *El 2 de mayo de 1808*. Esta represión brutal, en vez de apaciguar, encendió del todo los ánimos.

La capital estaba ya completamente tomada y todo saltó por los aires. Daba comienzo la guerra de Independencia.

«Se oían gritos de "¡armas, armas, armas!". Los que no vociferaban en las calles lo hacían en los balcones. Y la mitad de los madrileños eran simplemente curiosos al principio, después de la aparición de la artillería todos fueron actores», contaba Benito Pérez Galdós en sus *Episodios nacionales*.

Si José Bonaparte quería consolidar su reinado, necesitaba un ejército que pudiese ganar los corazones y las mentes en favor del nuevo régimen. Eran necesarias actitudes de justicia, moderación, comprensión y disciplina, pero todo esto faltó y, por consiguiente, la represión lo que hizo fue empeorar la situación a los franceses.

Se formaron de inmediato juntas locales de salvación, que después se coordinaron en juntas provinciales, resultando una junta central; en definitiva, un Gobierno español de sublevados. Y surgieron por doquier los guerrilleros, ocasionando difíciles enfrentamientos.

La Junta de Salvación Nacional llamó a filas a los ciudadanos voluntarios y consiguieron reunir a 30.000 hombres, la gran mayoría de ellos sin ninguna experiencia en combate.

Un sector absolutamente mayoritario de la Iglesia, que consideraba en peligro la religión y la tradición ante la oleada secularizadora proveniente de Francia, vivió el levantamiento como una cruzada, una segunda reconquista.

El clero fue un eficaz agente movilizador: su agitación y sus proclamas resultaron cruciales para transformar una serie de revueltas aisladas en una acometida general contra los franceses, que prendió con fuerza en medios populares. Sobre todo, la batalla de Bailén en julio. La primera victoria sobre Napoleón es un símbolo, un icono, pues con ella se hace patente que no es invencible.

Se calcula que habría unos 70.000 soldados franceses, y los españoles los derrotamos en la batalla de Bailén, con un ejército formado por voluntarios andaluces, de muy diferentes municipios, que fueron allí a luchar. Esta batalla tuvo repercusión internacional muy amplia, era la primera vez que se había derrotado al ejército de Napoleón en campo abierto, y por un ejército recién formado. Algo increíble.

Ello impidió que por el momento ocupasen Andalucía, en un momento en que casi toda España estaba tomada por los franceses.

Doscientos años después, continúa el debate sobre el significado real de la victoria de Bailén en la historiografía española. La victoria andaluza sobre los franceses galvanizó el sentimiento patriótico de la independencia y pronto la gesta se consolidaría en un lugar preferente en el catálogo heroico patrio. Considerada en el contexto en que se produce como una sublevación armada contra el invasor, una revolución política propiciada por el vacío de poder, sin olvidar tampoco la lectura en clave de enfrentamiento interno entre españoles, la batalla adquiere una dimensión poco común.

11. Segunda parte de la invasión: la Grande Armée

La batalla de Bailén fue histórica. Los españoles, para nuestra propia sorpresa y tras derrotas por nuestra parte, conseguimos ganarles.

Los franceses sufren un duro revés con la batalla de Bailén, la primera que las tropas de Napoleón perdían, y he aquí que, para dar solución a ello, enfadado y colérico, quiere Napoleón acabar de una vez con el tema de España, que se le estaba complicando mucho. Napoleón manda la Grande Armée, su poderoso ejército, a España en octubre de 1808. Ahora, con este ejército, se manifiesta la cultura militar de la Francia napoleónica y con él por delante dirigiendo el mismo, con la clara determinación de dar solución al problema que tenían en España.

Napoleón culpó de los males habidos a su hermano José, rey de España, en quien había delegado, tanto del fracaso de la batalla de Bailén como de la ocupación. Consideraba que era José el responsable de esta situación y, como consecuencia, le limitó mucho los poderes, entre ellos no tener mando sobre el ejército.

La Grande Armée, a diferencia del previo ejército que el emperador trasladó con anterioridad a España, se trataba de un ejército de 250.000 hombres, el gran ejército veterano de Napoleón, acostumbrado a movimientos rápidos, que arrollaba fácilmente a la resistencia española y a los ejércitos británicos desembarcados en la península.

Conseguimos algunas pequeñas victorias contra ellos o pírricas; nuestras derrotas fueron tremendas.

Napoleón entró en Madrid, después de darnos sopas con ondas en la batalla de Somosierra y las derrotas de Uclés, la batalla de Ciudad Real y Ocaña, entre otras. Donde iba, nos ganaba siempre.

La junta central a cargo del Gobierno de la zona no ocupada salió corriendo a Sevilla, para seguir y refugiarse en Cádiz. Sabían que en Cádiz estaban protegidos por su difícil acceso y, sobre todo, por la escuadra británica.

Napoleón tuvo que volver a Francia con urgencia porque el Imperio austríaco le había declarado la guerra (6 de enero de 1809). Dejó la misión de rematar la guerra en el noroeste en manos del mariscal Soult, que ocupó Galicia tras la batalla de Elviña.

Tras la marcha de la persona de Napoleón de España, los españoles lanzamos una serie de violentos contraataques, buscando a toda costa la batalla decisiva, un nuevo Bailén.

La resistencia popular, apoyada por los suministros de armas de la flota británica, hizo imposible la pacificación de Galicia, que tuvo que ser evacuada tras la derrota de Ney en la batalla de Puentesampayo (junio de 1809).

La sublevación popular en Vigo supuso que esta fuera la primera plaza reconquistada a los franceses en Europa (28 de marzo de 1809). Galicia permaneció libre de tropas francesas.

Los franceses ocuparon casi todo el territorio de España, menos Galicia y Cádiz, y costa esta ciudad, Gibraltar. Pero mantener la ocupación en España no era fácil, aparecieron las guerrillas y mantener a su ejército, con el azote continuo de las mismas y sin saber cómo eliminarlas, era un problemón sin fin, un desgaste continuo.

El ejército francés no estaba preparado para guerra con las guerrillas, de pequeños asaltos puntuales, cuando sabían los guerrilleros que tenían las de ganar, y retiradas rápidas. Era una tortura desesperante para los franceses.

Ya desesperados, empezaron a retirarse, después de meses sin ver solución. Perdieron finalmente la batalla de Arapiles en Salamanca. Aquí los combatientes eran, en alta medida, ingleses, y como Napoleón además tenía un frente abierto con Rusia y necesitaba su ejército para ello, optó por retirarse de España, no tenía otra alternativa.

Restituyó a Fernando VII en su trono y firmó un pacto con él, vamos a llamar, de amistad. A Fernando VII, al que equivocadamente llamábamos aquí «el Deseado». Claro está que no lo conocíamos suficiente.

La ocupación militar de España se llevó desde París, con correos que tardaban dos meses en llegarles a sus generales, y eso en el caso de que los emisarios no fuesen masacrados por las guerrillas, sistema que hay que mirar desde la perspectiva del momento.

El emperador se creía invencible. Esa será la causa de su caída, embriagado por dos años de victorias, de Austerlitz a Friendland. Ahora reinaba sobre un inmenso imperio y distribuía las coronas de la vieja Europa entre los miembros de su familia.

«La naturaleza fija un límite más allá del cual las empresas locas no pueden ser conducidas con prudencia. Ese límite, el emperador lo alcanzó en España y lo rebasó en Rusia. Si entonces hubiese escapado a su ruina, su inflexible fatuidad lo hubiese llevado a encontrarlo en cualquier otra parte distinta a Bailén o Moscú», declaró también Maximilien Sébastien Foy, el general que llegó a Tolosa y acabó retirándose a Irún, huyendo finalmente a Francia.

Al final, el intento de conquistar la península se saldó con una cifra mucho más alta de lo que Napoleón imaginaba. Fueron unas 110.000 bajas entre los franceses, a los que hay que sumar otros 60.000 muertos más de las tropas aliadas que los acompañaron. En total, 170.000 muertos invasores.

Y aunque la catástrofe final ha sido calificada como la «úlcera» de Napoleón, al emperador le costó reconocer su error hasta siete años después, cuando fue desterrado a la isla de Santa Elena tras la derrota en Waterloo. «Todas las circunstancias de mis desastres vienen a vincularse con este nudo fatal; la guerra de España destruyó mi reputación en Europa, enmarañó mis dificultades y abrió una escuela para los soldados ingleses. Fui yo quien formó al ejército británico en la península», escribió finalmente.

Las acciones de guerra en España eran, en cierta medida, llevadas por los ingleses comandados por el duque de Wellington. Siendo Portugal aliada de nuevo de Inglaterra, era allí donde las tropas inglesas desembarcaban y desde donde penetraron para combatir con las tropas napoleónicas, solos o en colaboración con los españoles. Wellington, curiosamente, nació el mismo año que Napoleón, en 1769, y fue el que finalmente derrotó al mismo en la batalla de Waterloo. Había conocido a fondo al enemigo francés en nuestro país.

En España, a Wellington se le nombra duque de la Victoria, nombramiento no merecido, ya que no todo fueron ayudas ni mucho menos. Por ejemplo, el ejército inglés destruyó muchas fábricas españolas para que no les hicieran la competencia a las inglesas.

Las obras de arte que se llevó José Bonaparte en su marcha a Francia fueron rescatadas por Wellington, que intentó devolverlas a Fernando VII, pero este se las regaló como agradecimiento a sus servicios. Este «detalle» nos costó la pérdida de un gran tesoro, parte del cual sus descendientes depositaron más tarde en el museo Wellington de Inglaterra, vendiendo el resto. Una pena.

12. El ejército francés abandona España

La ocupación de España tendría importantes repercusiones en el esfuerzo de guerra de Napoleón, que él no imaginaba. El aparente paseo militar se había transformado en un atolladero que absorbía unos contingentes elevados, preciosos para su campaña contra Rusia.

La situación era, en cualquier caso, tan inestable que cualquier retirada de tropas podía conducir al desastre, como efectivamente ocurrió en julio de 1812. En esta fecha, Wellington, al frente de un ejército anglo-portugués y operando desde Portugal, derrotó a los franceses, primero en la batalla de Ciudad Rodrigo y luego en la de Arapiles, expulsándolos del oeste y amenazando Madrid. José Bonaparte huyó a Valencia.

Si bien los franceses contraatacaban y José Bonaparte pudo entrar de nuevo en Madrid en noviembre, una nueva retirada de tropas por parte de Napoleón tras su catastrófica campaña de Rusia a comienzos de 1813 permitió a las tropas aliadas expulsar ya definitivamente a José Bonaparte de Madrid y derrotar a los franceses en Vitoria el 21 de junio de 1813. Fueron expulsados de España. Según se dice, los franceses en su retirada, en su proceso de huida, prácticamente se vieron obligados a entablar batalla en Vitoria, batalla que perdieron.

Entraron en Francia y, desde allí, salieron de nuevo para combatir a Rusia, donde tuvieron su mayor desastre.

El zar aplicaba la política de tierra quemada, asolando las poblaciones y dejando a las mismas vacías, de esta forma los franceses no podían abastecerse ni guarecerse. El hambre y el frío hicieron el resto.

Antes, en nuestra Andalucía, habían tenido una serie de frustrados intentos, con el sitio de Tarifa, durante las navidades de 1811, año en que se resistió un asedio en el que las tropas españolas, junto a las tropas británicas, comandadas por el coronel, derrotaron a las tropas francesas del general, muy superiores en número. Así pues, Tarifa no pudo ser tomada por los franceses.

Con el rey francés José Bonaparte, en el momento en que se marchó de España, se fueron entre 12.000 y 15.000 españoles afrancesados, que prefirieron desaparecer del horizonte español ante las represalias que se les avecinaban. Tras el decreto de Fernando VII sobre el asunto, volvieron casi todos, menos 4.000 que prefirieron seguir en Francia. Son parte de la élite española, gente muy importante. La frontera entre afrancesados, a los que hoy llamaríamos colaboracionistas, y patriotas es sutil. Ambos pensamientos defienden, en definitiva, el bien de España.

En octubre de 1813, los aliados, ingleses, españoles y portugueses, cruzaron los Pirineos. La guerra prosiguió en el sur de Francia. Hubo multitud de combates, como el que tuvo lugar nuevamente en Bayona entre el ejército aliado, formado por españoles, portugueses e ingleses, y los franceses.

Se sucedieron los pillajes por parte de soldados españoles en localidades francesas, como venganza por los excesos cometidos anteriormente por las tropas francesas en España. Napoleón, que tenía otros problemas, pidió llegar a un acuerdo.

Al mismo tiempo, el emperador se apresta a defender su frontera hasta poder negociar con Fernando VII una salida. A cambio de su neutralidad en lo que quedaba de guerra, aquel recupera su corona (comienzos de 1814) y pacta la paz con Francia, permitiendo así al emperador proteger su flanco sur.

Hay que resaltar que Cataluña continuó formalmente perteneciendo al Imperio francés hasta el 28 de mayo de 1814, con la retirada de todas las tropas francesas.

Ni los deseos de los españoles, verdaderos protagonistas de la liberación, ni los intereses de los afrancesados que habían seguido al exilio al rey José fueron tenidos en cuenta para nada. Se pactó con un enemigo que había matado a más de 300.000 españoles.

Paradójicamente, la guerra finalizó en la misma localidad donde se había originado: Bayona.

Fernando VII pudo regresar finalmente a España el 22 de marzo de 1814. Los españoles estaban contentísimos con su regreso, porque no se imaginaban lo que les esperaba.

Después de la marcha de los franceses, sufrimos la desgracia de ser súbditos de Fernando VII, conocido como el rey Felón, que significa criminal, actuando como un tirano sin principios.

Al reponerlo Napoleón como rey, nos castigó con el peor rey de la estirpe de los Borbones; sin duda, el peor rey de la historia de España de todos los tiempos y de todas las casas reales.

Tras la salida de los franceses y los afrancesados, España quedó dividida de forma clara y definida, y así tenemos después de la marcha de los franceses una dura represión por parte de los vencedores hacia los que habían apoyado al enemigo.

Fernando VII, el Nefasto, entró de nuevo en España triunfalmente como rey. El pueblo de Madrid, ilusionado, retiró los caballos del carruaje y lo paseó, arrastrando ellos mismos el coche. Toda una apoteosis de alegría que se vino abajo cuando, al poco, derogó la Constitución de 1812, modernista y avanzada, volviendo al «ordeno y mando». ¿Qué era eso de que mandase el pueblo?

Con una población analfabeta en mayoría y un total de seis años perdidos en guerra contra el francés, que dejó España peor que estaba, fuimos de mal en peor.

En 1820, vino la sublevación de Riego, que obligó a Fernando VII a jurar de nuevo la Constitución que él había abolido. Fernando VII quitaba o ponía sin dudar y sin criterio siempre que las cosas se ponían feas.

En 2021 se celebró en Francia el 200 aniversario del fallecimiento de Napoleón; aquí en España, por supuesto, no lo celebramos, para nosotros fue un desastre.

Con Napoleón, el gran estratega de la muerte, fallecieron 1.500.000 franceses, 280.000 ingleses, 480.000 austriacos, 500.000 rusos, 400.000 prusianos y 300.000 españoles. En total, más de tres millones de muertes en Europa.

QUINTA PARTE

LA INVASIÓN DE ANTEQUERA POR LAS TROPAS DE NAPOLEÓN

13. La fiebre amarilla

Ya empezamos con Antequera, la parte del libro más destacable, aparte de lo ya tratado del día de la invasión. Quizá merezca la pena que se den un descanso.

Antes de la llegada del ejército francés a Antequera, entró la fiebre amarilla. En Andalucía, se introdujo por Cádiz y por Málaga; por cercanía a esta última, nos afectó muchísimo.

En 1803, la ciudad de Málaga contaba con 52.000 habitantes, y con la epidemia la población se redujo a 36.000 habitantes. Con la epidemia de 1804, bajó a 24.600, falleciendo, pues, en dos años la mitad de la población malagueña.

La situación era terrible y horrorosa, como podemos imaginar. De cada dos habitantes, falleció uno.

Concretamente, la epidemia de 1804 se inició en Málaga el 29 de junio. Su virulencia fue tal que quedó totalmente prohibido el comercio con la ciudad, cerrándose el puerto y los caminos de acceso a la misma. Se preparó un estrecho cordón sanitario vigilado por el ejército hasta el 30 de diciembre, en que se dio por finalizada la purificación.

No tenía medicación, salvo la vacuna, que tardó entre ochenta y noventa años en inventarse, no como hoy día, que se han preparado varias vacunas para el COVID en un año, y algunos no me explico cómo dudan de sus efectos.

Se llama fiebre amarilla porque el enfermo toma este color en la piel e, incluso, en el blanco de los ojos. Hay enfermos que se recuperan, pero otros entran en fase aguda con dolores abdominales y sangran por la nariz, ojos y boca, falleciendo sin remedio.

La fiebre amarilla, a la que se llama también «plaga americana» o «vómito negro», es una enfermedad tropical producida por el virus Flavivirus, que transmite un mosquito propio de zonas marítimas cálidas.

Las primeras epidemias de fiebre amarilla fueron descritas durante el siglo XVI en los puertos del Caribe, probablemente introducidas por el comercio de esclavos. El intenso tráfico comercial con las Indias colocó América como foco principal de importación de la enfermedad.

Es una enfermedad de ciudades portuarias y de las riberas de los ríos navegables, y por tanto de aparición muy localizada.

Se incuba durante 3-7 días. La forma grave o clásica comienza con escalofríos, fiebre elevada, cefalea, náuseas y vómitos. Aparecen hemorragias nasales y de encías. Evoluciona con ictericia (fiebre amarilla) e insuficiencia renal. En fase más avanzada se agravan las hemorragias, con la aparición de vómitos de sangre coagulada (vómito negro).

El tratamiento, si existía «fetidez del aliento», consistía en administrar purgantes y, en todos los casos, buenos caldos, ración generosa de vino y ropa de abrigo.

La población de Antequera era en el año 1800 de 20.266 almas, como se decía antes, muchas para la época. Se estima que después de la epidemia quedaron 14.000, algo catastrófico. En nuestra ciudad, en tres años fallecieron unas 6.000 personas; era rara la casa donde no había, al menos, un fallecido.

En Antequera se sacó en procesión a la Virgen del Rosario el 12 de noviembre de 1804 para pedir el fin de la enfermedad, y con los tumultos y aglomeraciones de la procesión se produjo en esta ocasión un efecto contraproducente.

Este libro quizá sirva para aclarar un tanto nuestro pasado antequerano, donde mucho se ha echado en cara al señorito la causa de nuestra pobreza, y no es verdad. Entiendo que injustamente, ya que evidentemente hay un porcentaje, por fortuna pequeño, de personas malas repartidas en todos los estamentos, sean del signo que sean, y estas personas no están en un sector determinado, sino contaminando todos. Las causas de la pobreza han sido otras.

Así que la Antequera previa a la invasión francesa se encontraba debilitada con tantos fallecimientos, en una situación de moral bastante baja y de sufrimiento de la población, de llantos y de problemas familiares muy variados.

14. Esto no fue todo

Por si no era suficiente con la fiebre amarilla, en 1803 y 1804 hubo unas pésimas cosechas, que provocaron una fuerte subida de precios y hambre. Esto era algo evidente. Con la epidemia, no se cultivó el campo y, por consiguiente, no hubo producción con una agricultura rudimentaria. Dejó la epidemia a Antequera en una situación penosa y lamentable, frágil ante la llegada de los franceses.

Como consecuencia de todas las circunstancias que incidían, aumentó mucho el anticlericalismo. La población, tan castigada, miraba a la Iglesia como causa de los males, se la empezó a considerar con recelo e incluso, algunas minorías, hasta con odio.

Se le dio la vuelta a la tortilla: mientras España iba bien, la Iglesia también, pero cuando vinieron los tiempos malos, nos revolvimos contra ella y contra las clases pudientes, con cierto furor; hacía falta echar la culpa a alguien. Alguien tenía que ser el responsable, así que ya está, con la Iglesia y con los que tienen bienes. Que nos den lo que tienen y repartimos.

15. La organización militar y administrativa de Napoleón en España

Para entender cómo fue la ocupación francesa de Antequera, es bueno conocer los dos puntos que dan nombre a este capítulo.

José Bonaparte I, rey de España, para mejorar la organización administrativa de España, que era muy deficiente y en muchos casos los límites de los términos municipales no estaban muy definidos, puso en marcha un nuevo sistema, que era una copia del francés y dividía España en prefecturas y subprefecturas. En total, se conforman 38 prefecturas, y entre todas juntan 111 subprefecturas. Cada prefectura tiene un responsable, el prefecto, y las subprefecturas tienen un subprefecto, cuyo jefe es el prefecto.

Antequera era la cabecera de una subprefectura de las que conformaban el total de España. Los límites estaban, al oeste, en el río Yeguas, que atraviesa el término de la Roda y fue en su momento frontera de la España musulmana, donde el infante don Fernando inició su entrada para la conquista de Antequera; al sur, una línea por debajo de la sierra del Torcal y que incluye al Valle de Abdalajís; por el norte, el río Genil desde Puente Genil hasta la mitad del camino entre Iznájar y Loja, y al este, desde el punto referenciado hasta la sierra del Torcal.

Antequera tuvo dos subprefectos, tanto el primero como el que le siguió eran españoles.

El primer prefecto, que era sevillano, no fue bien acogido, la vida se le hizo imposible en la ciudad. El conde de Montarco, comisario regio de Andalucía, nombró a un sustituto, Antonio Nueros, natural de Sanlúcar de Barrameda. Cuando el ejército de Bonaparte se fue de Antequera, él se marchó con ellos al exilio, como huido a Francia.

Los ayuntamientos fueron nombrados por la nueva jerarquía y sus miembros eran, lógicamente, afrancesados, personas que estaban de acuerdo con lo que la invasión pensaba que nos aportaría. Muy cansados de la monarquía de Carlos IV, a todas luces impresentable, veían con mucha simpatía el cambio de rey, pensando que sería positivo para todos.

José Bonaparte era una persona muy cultivada, con un espíritu muy moderno para la época y que pretendía arreglar el país. Tenía un problema, su peor enemigo era el propio ejército francés, que andaba bajo el mando de Napoleón.

Realmente, la prefectura sirvió para poco o nada, eran tiempos complicados en que el mando lo tenían los militares. A ellos obedecían los ayuntamientos y las prefecturas administrativas. De modo que las prefecturas, podemos decir, no llegaron a funcionar. Desde luego, al menos en Antequera no pudo, o en algún tema aislado.

La ocupación militar tenía la cabecera de una demarcación también en Antequera, pero sus límites no coincidían con la prefectura, eran más amplios.

Los dictámenes de José Bonaparte tenían poco seguimiento porque, en definitiva, el poder militar era superior al suyo; en buena medida, el poder civil estaba subordinado al poder militar.

El peor enemigo de José Bonaparte era el propio ejército francés, que no lo dejaba actuar debidamente, pero al que él llamó, insistiendo para que viniese, ya que con las fuerzas militares iniciales no podía controlar España.

Los subprefectos, en definitiva, estaban subordinados a los jefes imperiales del ejército. Los militares de su hermano Napoleón no dejan actuar con libertad a

José Bonaparte en unas circunstancias impuestas por la guerra. Y los jefes militares mandaban directamente sobre los ayuntamientos.

La prefectura de Málaga —más grande que la actual provincia— se dividió en cinco distritos militares. Uno de ellos era Antequera, que incluía localidades entre las que destacan: Valle de Abdalajís, Villanueva de Cauche, Periana, Alfarnate, Puebla de Alfarnatejo, Villanueva de Tapia, Archidona, Cuevas Altas, Cuevas Bajas, Villanueva del Trabuco, Bobadilla y Fuente Piedra.

Desde la Antequera militar francesa, se vigilaban y controlaban todas las localidades indicadas, mediante visitas frecuentes e incluso enviando algún retén más o menos temporal si lo estimaban conveniente.

Y no solo eso, desde la cabecera militar de Antequera se enviaban expediciones concretas de refuerzo a otros distritos militares, existiendo, pues, apoyo entre ellos de acuerdo con las necesidades de cada caso y bajo las indicaciones de la superioridad militar.

En el distrito militar de Antequera reinó cierta calma.

Antequera, militarmente, dependía del gobierno militar de Málaga. A nivel de Andalucía y Extremadura, se encargaba el mariscal Soult, el cual tenía un inmenso poder y cuya residencia estaba en Sevilla, en el palacio arzobispal, junto al alcázar sevillano y la catedral.

Cada distrito militar estaba a cargo de un gobernador militar, como hemos indicado, los cuales mediante coacciones tomaban medidas para que su ejército estuviese aprovisionado; así, por ejemplo, si el cabildo antequerano no cumplía lo que se le pedía, hacían presas a cuarenta personas de Antequera, trasladándolas a la cárcel de Málaga.

Cumplían sus amenazas, dando órdenes de que todo guerrillero fuera ejecutado *ipso facto*, sin piedad alguna, sobre la marcha, lo que da lugar a justificar, en definitiva, asesinatos, diciendo que eran guerrilleros. Con este pretexto, se cometieron barbaridades.

Al principio de la ocupación, las órdenes de la autoridad militar francesa eran cumplidas con celeridad por el Ayuntamiento, pero el tema empezó a no tener esta prontitud cuando los recursos comenzaron a agotarse.

La guerra resultó muy costosa. Los ejércitos contendientes y las guerrillas se aprovisionaron sobre el terreno mediante requisas, iban a pueblos y cortijos y se quedaban con todo lo que encontraban a su paso.

La devastación y los robos diezmaron a la población en una guerra larga y destructora.

Francia perdió en España unos 170.000 hombres, y los españoles del orden de 300.000; por cada francés muerto, dos españoles, más o menos. Cifras abrumadoras. España quedó en una penosa situación, en una que ya antes de la guerra era corta.

Los campesinos no se animaban a cultivar. ¿Para qué?, si la producción era robada. Las cosechas de 1811 y 1812 fueron en consecuencia muy malas, casi sin cosecha. Era lo lógico, pues el campo se dejó de cultivar. Toda situación mala es susceptible de empeorar. En esto el ejército francés vio que el tema era negro para su propia subsistencia.

La falta de alimentos extendió el hambre y provocó una intensa y espantosa crisis de mortandad en 1812.

Las guerras siempre traen pérdidas de vidas humanas, familias rotas, desolación, ruina, pérdida de nivel económico y desastres, por unas razones u otras. Y en esta ocasión no fue diferente, fue peor.

16. Período previo a la entrada del ejército francés en Antequera

El día 30 de mayo de 1808 se constituyó en Antequera, en las casas consistoriales, es decir, en el ayuntamiento, situadas las mismas en aquellos entonces en plaza de San Francisco, la Junta de Defensa.

El Ayuntamiento estuvo representado por el regidor, el conde de los Castillejos, y el jurado por Juan Moreno Blázquez, padre del capitán Moreno. Se acordó crear milicias voluntarias y el día 31 de mayo se abrió una suscripción para las necesidades de la guerra contra el francés.

Ese día 30 de mayo de 1808, una gran parte de la población se concentró en las puertas del ayuntamiento, en la plaza de San Francisco o plaza de abastos, que era la plaza principal donde se daban además corridas de toros. Ese mismo día comenzó el alistamiento de voluntarios, que partirían unos quince días más tarde para participar en la batalla de Bailén, unas cien personas con sus caballos.

Cuando se celebró en Antequera la proclamación de Fernando VII, el monarca y su real familia ya llevaban secuestrados varias semanas en Bayona, adonde incautamente habían acudido tras los embaucadores engaños de Napoleón.

La ausencia del rey había dejado el gobierno de España en manos del mariscal Murat, gran duque de Berg y cuñado del emperador, con el título de lugarteniente general del Reino, quien merece la etiqueta de auténtico salvaje por su desmedida respuesta contra la población civil durante las revueltas callejeras del 2 de mayo de 1808 en Madrid. Incluso Napoleón llegará a decir de él: «C´est une bête» ('es un animal').

Aunque nada consta en los archivos locales, las noticias no tardaron en llegar a Antequera y al cabo de pocos días, nadie desconocía la grave situación de los Borbones en Bayona y la sangrienta matanza de cientos de madrileños —hombres, mujeres y niños— por las tropas de Murat. Entonces, la indignación creció entre los antequeranos en la misma proporción que el patriotismo.

La sociedad local abrigaba ya inconfundibles sentimientos antinapoleónicos cuando, a las cinco de la madrugada del domingo 29 de mayo de 1808, se presentó en casa del corregidor Bernad, situada en la calle Maderuelos, un mensajero enviado por las autoridades de Archidona con dos oficios de la superioridad política de Sevilla, que había dejado a su paso un comisionado en carrera hacia Granada. Uno de los oficios notificaba la creación de una junta gubernativa en la capital.

Aparte de ello, en 1809 se organizaron en Antequera dos batallones de cazadores para defenderse del ejército francés, pagados o financiados por el Ayuntamiento. Todas estas personas después serían perseguidas por los franceses cuando ocuparon Antequera, por lo que tuvieron que huir o esconderse y vivir bajo el miedo de ser denunciados por otros ciudadanos que, por envidias locales o por pensamientos partidistas, formaban el grupo de afrancesados.

El 9 de enero de 1809 fue aceptado el ofrecimiento de formar en Antequera un batallón de cazadores, y el 21 de febrero de ese mismo año, el Ayuntamiento acordó pagar la mitad de los gastos de equipamiento y armamento de un segundo batallón de cazadores, formado también a iniciativa e instancia del mismo Ayuntamiento de Antequera. Eran tiempos fáciles, los franceses estaban lejos, no había enemigos asentados en Andalucía, y así cualquiera toma decisiones.

Las Juntas de Defensa, iniciativa del pueblo, se fueron creando en toda España a partir del 2 de mayo de 1808, para evitar ser reinados por un rey impuesto.

Hay que tener en cuenta que Fernando VII desde Francia nos ordenaba que respetásemos al nuevo rey, José Bonaparte, y que diésemos cobijo y asistencia a los franceses, así que el Estado apoyaba el nuevo régimen.

En esos tiempos, Andalucía no estaba ocupada por los franceses, lo cual ocurriría casi veintiún meses más tarde. Los mismos, instalados posteriormente en Antequera, también contrataron a sus órdenes soldados antequeranos, formándose, en definitiva, un lío de padre y muy señor mío, una guerra civil o algo parecido.

El 10 de julio de 1808, salieron para Alcaudete (Jaén), mandados por don Francisco Delgado Palacios, los voluntarios antequeranos que iban a unirse al ejército del general Castaños y que tomaron parte en la batalla de Bailén contra los franceses. Iban, aparte de personal a pie, cincuenta jinetes pertrechados de Antequera y mandados por el noble Luis Pareja Obregón, envío por el que dio las gracias explícitamente la Junta Suprema de Gobierno en Granada.

La batalla de Bailén supuso la primera derrota en campo abierto de la historia del ejército napoleónico. Tuvo lugar el 19 de julio de 1808, junto a la ciudad jienense de Bailén.

Enfrentó a un ejército francés de unos 21.000 soldados, al mando del general Dupont, con otro español más numeroso, de unos 27.000, a las órdenes del general Teodoro Reding. El general jefe del llamado «ejército de Andalucía» era el general Castaños. Esta batalla tuvo mucha repercusión en toda Europa, porque se había vencido a un ejército hasta entonces considerado invencible.

El 16 de diciembre de 1808 se acordó en Antequera organizar milicias urbanas e instalarlas en el cuartel, a la espalda de la entonces posada de González. Dicho cuartel hoy se ha ampliado y ocupa toda la manzana, como actual cuartel de la Guardia Civil.

En Antequera, en este recinto cuartelario, se encarcelaron 250 soldados franceses de la batalla de Bailén, cuya custodia y alimentación se encomendó a la ciudad.

Lógicamente, todos los que habían estado contra los franceses tendrían gravísimos problemas cuando los franceses ocuparan Antequera. Los delatores son más que inevitables en estas circunstancias, pues se mezclan intereses económicos y rencillas personales para hacer denuncias de gran bajeza humana en algunos casos y, además, ya el colmo, falsas.

Pero los tiempos cambian, ya no se trataba de una parte del ejército francés la asentada en España. Napoleón envió su Grande Armée para acabar con la situación de una vez por todas y vino él en persona con sus tropas, con las que ganaba todas las guerras que se ponían por delante.

El ejército francés entró en Andalucía, donde no había podido hacerlo antes, sin dificultad alguna o con resistencias puntuales, que arrasaban.

A finales de enero de 1810, recibió el corregidor de Antequera una carta en la que el comisario de guerra francés exigía, para el día primero de febrero, 10.000 raciones de pan, carne y vino y 4.000 raciones de cebada, añadiendo que los habitantes antequeranos podían estar tranquilos, pues iban a estar bajo la protección francesa.

El corregidor, lleno de miedo y angustia, no se atrevió a convocar a la Junta de Defensa, porque la misma podría haber querido ofrecer, posiblemente, resistencia a los ocupantes, con la consiguiente masacre ante un ejército tan enormemente poderoso.

Rápidamente, decidió convocar al Ayuntamiento, también al cabildo eclesiástico, títulos de Castilla en representación de la nobleza, militares retirados y alcaldes de barrio, pero en el expediente o acta se reseña que, por «angustia de tiempo», no se dan los nombres; se piensa que, o bien no concurrió nadie, o muchos de los que concurrieron no estaban conformes con el acuerdo.

Según el acta, se adoptó «por unanimidad» admitir pacíficamente al ejército francés, en atención a ser un pueblo abierto, sin tropas ni armas proporcionadas, y no reflejaron en la misma ni cuántos ni quiénes, para no quedar señalados ante los franceses.

Realizar una racional defensa de Antequera, oponerse a ello suponía morir en el intento, y para no dar nombres de los que se oponían a la entrada, solo el corregidor firmó el acta. No cabía otra, el ejército francés, en marcha hacia Antequera, era infinitamente superior a una Antequera debilitada y sin fuerzas militares. En fin, no había forma de oponerse, se viese por donde se viese.

A los que hasta ese momento habían defendido la patria les tocaba esconderse más o menos. Sin embargo, el número de personas que integraba el ejército francés se sobredimensionaba o exageraba, con la idea de producir más miedo y prevención.

Inmediatamente, se publicó un bando que esa misma tarde fue firmado por el corregidor y por el general jefe de los franceses, el general de división Milhaud, indicando el respeto a la religión y sus ministros, con inclusión expresa de religiosos de ambos sexos, a las propiedades y al vecindario, anunciando que para ello se establecerían guardias en todas las iglesias, los conventos, etc.

También se amenazó con severas sanciones a los que produjeran a la tropa la más mínima extorsión o vejamen, ordenando a los antequeranos entregar todas las armas en un plazo de veinticuatro horas. Para estos efectos, tenían que depositarlas en la casa del conde de Colchado, en calle Cantareros, mansión destinada a ello por parte del cabildo. Evidentemente, quien no entregase armas, si las encontraba el ejército francés en sus registros domiciliarios, lo tendrían bastante crudo, con amenaza de muerte.

Con este bando y con la actitud del Ayuntamiento, había muchos antequeranos que no estaban de acuerdo en absoluto. Algunos de los no conformes, los más decididos, terminaron integrando las guerrillas. Aunque, en general, la inmensa mayoría se achantaba ante la máquina tremenda del ejército francés y nuestra debilidad supina. No había otra alternativa que agachar la cabeza.

En Antequera, como en todos los demás sitios, había quien estaba de acuerdo con la invasión, en la cual el propio Fernando VII indicó que debíamos atender a los franceses como hermanos que venían a ayudarnos. José Bonaparte era el rey de España porque Carlos IV, el padre de Fernando VII, había abdicado sobre él, y Fernando VII, prácticamente sin estrenarse, había abdicado en su padre; el aparato del Estado estaba, pues, a las órdenes de José Bonaparte.

El ejército español fue disuelto, el que quedaba era residual, formado por los sublevados. España en esos tiempos solo tenía diez millones de habitantes. Al tener nuestro país muchas personas repartidas en otros lugares, fundamentalmente América del Sur y Centroamérica, más las pérdidas en epidemias, hambrunas y guerras habidas, hacía que la población en el país fuera escasa, comparada con los veintiocho millones de habitantes de Francia.

El clero estaba un tanto dividido. Por una parte, tenía que estar de acuerdo con los franceses y su requerimiento, pero, por otro lado, estaba en contra de ellos, ya que los mismos no eran nada cristianos, precisamente.

Los franceses crearon milicias de españoles contratados para una serie de actividades o requerimientos franceses; por ser época de hambre y privaciones, no pocos se alistaron. Así pues, como hemos comentado, se fueron creando las dos Antequeras y, a nivel nacional, las dos Españas, una parte contra otra.

En Antequera se presentaron voluntarios y se incorporaron al ejército francés unos 500 ciudadanos, que vivían en los cuarteles, salvo durante los permisos para ir a ver a sus familias.

El ejército francés se marchó de Antequera el 2 de septiembre de 1812. Permanecieron, pues, en nuestra ciudad treinta y un meses, que son muchísimos.

Por parte de los franceses era un caos, porque había dos bandos: el del rey José Bonaparte, lleno de buenas intenciones y sabias medidas, y el del ejército francés, que funcionaba por su cuenta, dependiendo de París. De modo que, en cierta forma, el enemigo de José Bonaparte era el propio ejército, pues hacía impracticables sus medidas, llenas de buenas intenciones.

Pero la manutención del ejército no venía de Francia, Napoleón lo tenía claro, procedía de las requisas e impuestos del terreno donde estaban, así que en altísima medida los antequeranos estaban destinados a pagar a los invasores, dándoles de comer y vestir bien a los de fuera, cuando ellos no estaban ni bien vestidos ni comidos. Una situación lamentable. El Ayuntamiento se encargaba de recaudar impuestos, en dinero o en alimentos alternativos, que valoraba como dinero cuando se los entregaban.

El duro sistema impuesto por el ejército francés produjo, lógicamente, la quiebra de las poblaciones ocupadas, así como la ruina y el hambre de sus habitantes, a la vez que odio a los ocupantes.

Antequera es un caso clarísimo en este sentido, al ser donde estaba asentado el ejército como cabecera de la comarca. Sufrió en sus carnes una durísima prueba que la dejó exhausta, una penuria más grave que en otras poblaciones que no eran cabecera militar.

Hasta tal punto llegó el hambre en Antequera en 1812 que fue el propio ejército francés el que dio de comer a la misma, dos veces al día, una taza de caldo con algunos garbanzos o lentejas, y este era el alimento para las veinticuatro horas, en largas colas que se formaban.

17. La conquista de Málaga

Tres días después de entrar en Antequera, concretamente el 5 de febrero de 1810, el ejército de Napoleón, el IV Cuerpo a cargo del general Horace Sebastiani de la Porta, en el que se integraban unidades de tropas polacas, se enfrentó a ciudadanos civiles de la ciudad de Málaga.

Tras algunos episodios de resistencia de la ciudad, Málaga quedó sometida a las tropas imperiales de Napoleón. Allí, previamente, se plantearon hacerle frente o no, habiendo ganado el sí debido a la acción de un personaje de mucha labia, que cuando llegaron los franceses, salió huyendo en primer lugar.

Antes de entrar los gabachos en Málaga, habían batido una ligera resistencia en la pequeña fortaleza que había en la Boca del Asno, a los pies del Torcal, donde se reseña que se habían reunido unos 5.000 malagueños, aunque el número me parece totalmente exagerado y fuera de la realidad, algunos sin ir armados, ante el poderoso ataque francés, que huyeron despavoridos hacia la sierra del Torcal. No todos lo consiguieron, habiendo numerosas bajas españolas y escasas por parte de los franceses.

Una vez ocupada Málaga, como lección y escarmiento a otras ciudades, dejaron la noche libre a los soldados para que hicieran cuantos desmanes les viniera en gana. Durante esa noche aciaga, se realizaron robos, asesinatos y violaciones, verdaderas atrocidades.

Era también una manera, probablemente, de gratificar a la tropa por estar lejos de sus hogares y por los esfuerzos que hacían: darle luz verde a sus más bajos instintos. Los desmanes fueron inmensos para el recordatorio histórico de la ciudad.

Además, el general Sebastiani impuso una multa de doce millones de reales a la ciudad por ofrecer resistencia, que finalmente no pagaron.

La ocupación francesa de Málaga duró hasta el 27 de agosto de 1812.

La curva de Gauss había pasado ya el cénit, y en Rusia continuó el descenso, el declive total. Aquí en España, Napoleón fracasó porque su ejército estaba preparado para batallas rápidas en campo abierto, y no para guerrillas, que no sabían cómo suprimir y que suponían un desgaste tremendo. En Rusia, cuando avanzaban las tropas imperiales, dejaban las poblaciones totalmente vacías, sin ciudadanos, y la tropa no tenía cómo abastecerse. Así llegaron hasta Moscú, que igualmente la encontraron desierta.

El fabuloso ejército de Francia fue desarbolado en España por las guerrillas y en Rusia por el hambre, el frío y la nieve.

Evidentemente, no fue un desacierto antequerano no oponerse a un enemigo al que sabía que ni remotamente podía vencer; no dejaba de ser una estupidez, un suicidio. Era mejor contemporizar y buscar ocasiones en que la fuerza fuera más igualitaria.

Málaga fue una de las ciudades que sufrieron unas consecuencias muy duras y dolorosas durante la ocupación, no comparables a las de Antequera, donde también fueron muchos los episodios negativos que se vivieron, pero nunca con la enjundia que en Málaga, donde los destrozos personales y patrimoniales fueron inmensos. La ciudad fue devastada en alta medida, de ahí su baja riqueza patrimonial histórica.

En Málaga capital se dejó un retén, y el grueso del ejército siguió su línea de ocupación según su esquema por toda Andalucía, lo cual le supuso, en definitiva, un paseo triunfal con pocas bajas.

18. El ejército de Napoleón que nos invadió

Previamente a la llegada de las tropas el 2 de febrero de 1810, se guardaron objetos de valor y alimentos en los lugares más recónditos e inverosímiles para que no fuesen encontrados, tales como quitando alacenas y poniendo un tabique, o enterrando objetos en los patios. Respecto a la comida, se procuró almacenar productos no perecederos: aceite, sal, garbanzos, lentejas, tocino, bacalao, etc.

En las tiendas se habían acabado los productos, pues al ser comercios de tamaño pequeño por lo general, los comerciantes guardaban parte de los víveres para ellos y sus familias. El miedo a las enfermedades, la rapiña y el hambre estaba en las mentes de todos.

Realmente, el hambre, no tener nada para comer, es una de las sensaciones más terribles del ser humano. Ahora esta situación está absolutamente olvidada en los tiempos actuales, pero los que sobrevivieron tras la Guerra Civil no dejarán de recordarla mientras vivan. El año 1812 fue declarado como el «año del hambre» en toda España.

En Francia, casi dos millones y medio de jóvenes sirvieron en los ejércitos a principios del siglo XIX por toda Europa bajo las órdenes de Napoleón. Unos eran voluntarios que se alistaban por patriotismo, por veneración hacia Napoleón, los más para salir de la pobreza o por espíritu aventurero. Otros eran llamados a filas por sorteo, cuando los voluntarios eran insuficientes y debían amoldarse con rapidez al violento entorno en el que estaban obligados a servir. La mayoría se integraba en la infantería, que marchó por todo el continente, desde las costas del Atlántico hasta las nieves rusas, andando en largas marchas.

El reclutamiento imperial se había desarrollado durante las guerras revolucionarias, que bajo el principio de que todo francés era un soldado, permitió reclutar cada año de forma obligatoria y por sorteo a miles de jóvenes solteros de entre veinte y veinticinco años. El sistema funcionó adecuadamente pese a las exenciones, los sobornos o la compra de sustitutos por las clases pudientes, y proveía a la Grande Armée de reemplazos según avanzaban las conquistas y aumentaban las necesidades de hombres.

Aparte de ello, se formaban regimientos a las órdenes de Napoleón, con personal de los países conquistados que se alistaba a estos efectos.

Los nuevos soldados se alistaban por un servicio de uno a cinco años en tiempos de paz o, en caso de guerra, hasta el final de esta.

Antes de combatir, el recluta ingresaba en uno de los centros de instrucción de los regimientos en reserva, donde recibía formación militar básica y vestimenta de uniforme y era encuadrado en un batallón. Terminada esta etapa, los nuevos soldados se incorporaban a la campaña en sí, donde se mezclaban con los veteranos para fijar en ellos el llamado «espíritu del cuerpo», la solidaridad entre los miembros del grupo que haría del ejército su segundo hogar. Se pretendía ello y una alta moral.

El uniforme reglamentario, fabricado en tres tamaños, era un instrumento fundamental para inculcar unos valores y distinguir a las diferentes unidades del ejército. La mochila pesaba entre quince y veinte kilos cuando iba totalmente cargada: pantalones, polainas y calzado de repuesto para las marchas, bizcochos para cuatro días y gorra de noche, junto a los enseres personales.

Asimismo, los soldados portaban una cartuchera negra de cuero, que se suspendía detrás del muslo derecho y se sujetaba gracias a una banda colgada del hombro izquierdo con dos paquetes de cartuchos; en batalla llevaban de cincuenta a sesenta paquetes.

A esto había que sumar el armamento. Todo soldado de infantería, ya fuera veterano o bisoño, iba provisto con el fusil, de peso aproximado de cinco kilos.

En épocas de paz, el soldado napoleónico vivía acantonado en fortalezas, cuarteles y campamentos.

La jornada de las tropas se dividía entre la severa instrucción y las tediosas rutinas de la milicia, en condiciones a veces bastante espartanas; por ejemplo, dos hombres solían compartir la misma cama de paja compactada.

Los combatientes recibían una soldada diaria para sufragar sus gastos. En la Guardia Imperial, una unidad de élite, un granadero cobraba 23 centavos, de los que 9 se destinaban a la comida, 4 a la ropa interior y calzado, y los otros 10 se dejaban en reserva para imprevistos; un cabo recibía 33 centavos, y un sargento, 43.

Al finalizar el día, y en el mejor de los casos, las tropas descansaban en tiendas de campamentos improvisados o, más comúnmente, vivaqueaban al raso frente a una hoguera para dormir cubiertos con una simple manta.

En tiempos de guerra, los soldados realizaban largas marchas que sorprendían al enemigo por su velocidad y longitud recorrida. Las distancias andadas variaban entre veinte y treinta kilómetros al día, aunque en caso de necesidad, la tropa realizaba marchas forzadas de cuarenta kilómetros o más. No es extraño que, ante estas duras caminatas, los propios soldados se quejaran de tener los pies en carne viva.

En estas condiciones de vida, la moral de la tropa era un factor determinante para el éxito en la batalla. «La efectividad de un ejército depende de su tamaño, entrenamiento, experiencia y moral, y la moral vale más que cualquiera de los otros factores combinados», decía Napoleón, al que se le atribuye un arsenal de frases históricas, ciertas o no.

Uno de los elementos que mantenían esta moral alta era el propio Bonaparte, como demuestra el «vive l'empereur» ('¡viva el emperador!'), grito de guerra con el que sus tropas recorrieron Europa. El respeto y la admiración hacia su figura alcanzaban hasta a sus enemigos.

El duque de Wellington, el mariscal británico que fuera gran rival de Napoleón, lo resumió en una frase: «La aparición del sombrero de Napoleón en una batalla valía como tener miles de hombres más».

Esta moral era importante porque las batallas podían llegar a ser verdaderas carnicerías, al combatir o esperar organizados en orden cerrado durante horas ante el fuego enemigo. Había que morir por el emperador, y la cobardía en combate, claro está, estaba penada con la muerte.

Un cirujano francés relató: «Las heridas en combate podían llegar por fuego de fusilería, tajos de espada, punzantes lanzas o por impactos de artillería. Los que no morían en esas batallas tenían muchas probabilidades de fallecer tras varios días de agonía o quedar incapacitados de por vida», debido a las carencias de la medicina de la época.

Era un ejército vencedor y curtido en muchas batallas, en su inmensa mayoría, en cuya composición había unidades completas con personal del mismo país y reclutado por Napoleón, de países ocupados en la expansión de Francia, con soldados curtidos de miradas por lo general nada amistosas y muy vigilantes de su seguridad.

Tenían un porvenir más que incierto, ante la muerte en campo de batalla; eso sí, era un ejército con una férrea disciplina, que no siempre cumplían cuando sus jefes no estaban delante.

Este era el ejército que, en definitiva, estuvo ocupando Antequera durante treinta y un meses, mientras los antequeranos no tenían defensa alguna.

La edad media de vida era enormemente más baja que la actual, del orden de treinta años. La sanidad era muy elemental. Como se decía antes, algunas de las causas de muerte era «murió de repente», «murió porque le había llegado su hora» o «porque estaba de Dios». No había explicación científica.

Los antequeranos más mayores se refugiaban en casa de sus hijos. Las puertas y ventanas se atrancaban para impedir en lo posible ser abiertas. Muchas casas que ya estaban vacías por las bajas de la epidemia ahora tenían concentración familiar, aunque quedaban aún más casas cerradas y sin ser habitadas. Y, eso sí, cuando tenían cualquier dolor, nadie se lo iba a quitar, tocaba sufrir o morir.

Numerosos habitantes de Antequera, enemigos de los franceses, se habían ido de la ciudad antes de la llegada de estos por temor a represalias, para refugiarse en cortijos o ir a otras poblaciones donde pudieran tener algún familiar, o sencillamente irse a la guerrilla a la sierra del Torcal.

El analfabetismo era impresionante, y con la ocupación francesa aún más, pues se suspendieron las clases. Ya era muy alto antes, alcanzándose el ochenta por ciento de la población que no sabía leer ni escribir.

Los soldados franceses posteriormente, aunque no iban por libre, sino con instrucciones de respeto, siguieron practicando la requisa como una de sus atribuciones, cometiendo robos en diferentes casas y sustrayendo leña, puertas y ventanas de madera, que en carruajes se las llevaban para hacer fuego y calentarse en el frío invierno, así como comida y vino para calentarse. Estos atropellos eran frecuentes, y muy pocos los que se atrevían a hacer denuncias.

19. José Bonaparte en Antequera

Es bastante extraño y llamativo que un poco después de la ocupación de la visita recorriendo Andalucía de José Bonaparte, fuese recibido con las calles llenas de gente, con aclamaciones y aplausos; el resto de España no lo entendió, pues estaba en guerra.

En Andalucía se pensaba que cualquier cambio por buena parte de la población sería a mejor, pues estar peor de lo que ya habían estado era difícil. En general, en estos años se fraguaron las dos diferentes Españas, una forma de pensar frente a otra. Esta actitud profrancesa andaluza dio mucho que criticar en el resto de España y dio una mala fama a los andaluces, que ha subsistido a través de los tiempos.

José Bonaparte en Andalucía se sintió a gusto y querido. Venía con un séquito de unas 2.000 personas, gran parte de las mismas intelectuales españoles y franceses. Estuvo en nuestra región casi cuatro meses, y procuró hacer muchas cosas.

Realizó un plan para el cuidado de la Alhambra, que era un lugar donde pensaba vivir en temporadas. Se proponía mejorar en Andalucía la red de caminos y poner escuelas infantiles. Estaba enamorado de Andalucía, pero su hermano Napoleón le quitó mucho poder, pues el ejército pasó a depender directamente de París.

A José Bonaparte, hombre de buenos propósitos, no se le dejó trabajar para nada, y su peor colaborador fue, sin duda, su hermano con su ejército.

En Antequera, las autoridades deseaban que viniera el rey José Bonaparte, del que contaban que era muy simpático, educado y preparado. Era una forma de buscar el bien para la población, intentando captarlo para que le concediese favores.

Lo gestionaron y movieron los hilos a estos efectos. Mandaron una comisión del Ayuntamiento y se le pidió que, en su trayecto de Málaga a Granada, hiciera escala en Antequera, una ciudad que lo quería, respetaba y admiraba, todo ello dentro de una política que quería buscar lo mejor, dentro de lo malo, para la ciudad.

José Bonaparte aceptó la invitación porque Antequera era un cruce de caminos, una ciudad importante, cabecera de la comarca. Quisiéramos o no, era nuestro rey. Unos días antes de su venida, se firmó un decreto francés con el fin de formar en Antequera, con antequeranos, una compañía de caballería, una compañía de infantería y una compañía de escopetas. Además, en cuestión de pocos días se alistaron casi doscientas personas para vigilancia del orden público.

En la mayoría de los casos, no se afiliaban por pensamiento político, sino simplemente lo contemplaban como una oportunidad de poder comer y sobrevivir.

Poco después se crea la Brigada de Tiradores de Antequera para custodiar los campos, concretamente el 1 de octubre de 1810. Estas unidades se organizaban para evitar enfrentamientos con la población y que fueran los antequeranos los que tratasen entre ellos.

Al mismo tiempo, con este entramado los guerrilleros no lo tenían nada fácil, pues además de los franceses, ahora tenían que enfrentarse con enemigos antequeranos. En total, unos 500 antequeranos estaban a las órdenes del francés.

El 13 de marzo de 1810, a los cuarenta y un días de la llegada de las tropas gabachas, entraron los carruajes del rey en Antequera con una enorme escolta por la entrada de Málaga, concretamente por el Portichuelo, y se pidió y orquestó por parte del Ayuntamiento que la población abarrotase las calles y engalanase los balcones aplaudiendo y vitoreando al mismo a su llegada, ya que consideraban que ello era bien para los antequeranos.

La población se volcó en el recibimiento y José Bonaparte fue aclamado por los ciudadanos en un itinerario preparado por las calles principales. Una entrada apoteósica.

Lo alojaron en el Palacio de Villadarias, uno de los sitios donde estuvo otro rey como Felipe V y que es el mejor palacio de la ciudad.

Las autoridades antequeranas tenían planificado un acto en el mismo para presentar sus respetos y acatamiento. Mientras ello ocurría, una parte de la población que desde mucho tiempo atrás se mostraba en contra del francés y que todavía residía en Antequera temblaba.

Al día siguiente de la llegada de José Bonaparte, él mismo y su cortejo se dirigieron desde el Palacio de Villadarias a la iglesia de San Sebastián, atestado de público todo el trayecto, que realizaron acompañados del todopoderoso mariscal Soult, responsable del ejército del sur, entre vítores.

José Bonaparte entró bajo palio en la iglesia de San Sebastián, donde recibió juramentos de fidelidad por lo más destacado de Antequera y, posteriormente, hubo un cóctel en el Palacio de Villadarias, que Bonaparte ofreció a las autoridades.

Por la tarde, ya de forma privada, hizo una visita a varios monumentos de la ciudad, los más característicos y apreciados, de lo cual no se informó a la población por motivos de seguridad y que fue, en definitiva, un reconocimiento del terreno. Posteriormente, a la mañana siguiente inició su camino a Granada al amanecer, junto a su cortejo y guardia, sin informar a nadie, con discreción, de su recibimiento en Antequera. Él lo recordaría toda su vida, y así lo comentó en diversas ocasiones a sus allegados, pues se sintió querido y arropado.

20. El deterioro de la subsistencia en Antequera

En los primeros meses de la estancia del ejército francés en esta población, hay cierto sosiego, relativa paz. Pero la situación se va poco a poco empeorando a medida que pasa el tiempo, porque no llegan buenas noticias o, más bien, no hay ninguna noticia buena. Existe un costoso y numeroso ejército que alimentar, atender y pagar por cuenta de Antequera. Nuestra ciudad se ha transformado en un inmenso hotel para los franceses; eso sí, son residentes bien atendidos y con todos los gastos pagados.

Los antequeranos se sienten prisioneros, sin poderse ganar la vida, no pueden entrar ni salir de la ciudad, salvo que consigan un salvoconducto de los franceses.

El Ayuntamiento, vía impuestos, se ve obligado a acopiar dinero para los franceses, por lo que estos se convierten en una carga y se hacen cada día, día a día, más impopulares. Además, los soldados ejecutan sin cesar registros en casas, requisando lo que estiman oportuno, un expolio en el que los extranjeros comen mientras que, entre los paisanos, la penuria crece exponencialmente.

Una parte de la población empieza a sospechar de otra, los ciudadanos comienzan a posicionarse. La separación de las dos Españas se inicia con fuerza y prosigue durante más de dos siglos, porque en la actualidad sigue subsistiendo. Las personas que apoyan a los franceses, conocidos como «afrancesados», colaboran con los mismos mediante informaciones entre ellas, como la de indicar quiénes son enemigos de los franceses.

Llegó más tarde un batallón de polacos, encabezados por el capitán Zawadski, con cerca de 800 soldados. Napoleón reclutaba soldados y hacía regimientos específicos de cada país, así que gran parte de los ocupantes no eran franceses, sino polacos.

Había 200 soldados con sus caballos en la Posada de San Fernando. En el castillo se instalaron otras dos compañías de artillería, con un total de casi 200 soldados más. Al ser Antequera la cabecera militar de una comarca extensa, es donde se centraron las tropas para esta zona.

Los antequeranos afrancesados, es decir, los que pensaban que con los franceses vendrían tiempos mejores de más libertad y menos pobreza, afirmaban que los franceses en ese momento eran el candelero del mundo porque las ideas del Imperio francés eran muy diferentes a las de las monarquías absolutistas.

Habían oído aquello de «libertad, igualdad y fraternidad», lema que no se llevó a cabo en nuestro país, pues eran un ejército de ocupación, saqueador y ladrón que nos robaba nuestra libertad, del que no éramos hermanos y que no nos trató nunca como iguales.

Se cuenta que, en más de una casa, entró algún francés en busca de alguna mozuela y que, en algunos casos, el francés terminó enterrado en el patio de la casa y nunca más se supo, así como que algunos franceses acabaron acuchillados y tirados por los antequeranos en pozos, amarrados a grandes pesos. Sus mandos quizá pensarían que habían desertado.

Se reseña también que algunos antequeranos robaban armamento a los franceses para entregarlo a los guerrilleros. Incluso era corriente que se dieran noticias falsas sobre los guerrilleros para atraer a los franceses a trampas, en calles oscuras y solitarias.

Pero también muchos antequeranos sirvieron de espías a los franceses, con lo que el pueblo llano se intranquilizaba y se dividía cada vez más.

En aquella Antequera en la que se habían introducido los rencores y rencillas, donde se vivía con miedo, sin iluminación nocturna, con un silencio donde solo se oían los ladridos de perros, las casas permanecían cerradas a cal y canto.

Paralizada la agricultura, de la que vivía la mayoría de la población, el pueblo sufría y pasaba hambre.

21. El Palacio de Villadarias

Se conoce popularmente como Casa de las Columnas, en calle Lucena. Actualmente está deshabitada desde no hace mucho tiempo, pero sus propietarios la cuidan primorosamente. Es un sitio que pide a gritos, en mi opinión, ser adquirido por el Estado, para instalar allí dependencias de la Administración Pública o un museo que permita visitar esta joya histórica, manteniéndose tal cual. Es el patrimonio mejor conservado de las casas señoriales de Antequera. Sin duda, como en tantas cosas, el problema es la falta de dinero.

En una ocasión se hospedó allí Felipe V y su esposa, Isabel de Farnesio, acompañados del futuro Fernando VI y de Isabel de Braganza. Esto fue en 1730, y el palacio inició su construcción en 1710, es decir, vinieron con dicha edificación prácticamente casi a estrenar.

La construcción del palacio del marqués de Villadarias comenzó cuando el segundo marqués de Villadarias, Francisco del Castillo y Fajardo, se afincó en Antequera. El palacio es un Bien de Interés Cultural (BIC), se reseña en el BOJA del 30 de octubre de 2013, en su categoría de monumento.

El marqués, desde 1702 a 1706, fue capitán general de Andalucía. Anterior a ese puesto, fue gobernador de Ceuta.

En cuanto al interior, el palacio es de una magnificencia acorde con la monumental portada. A través del zaguán se accede a un patio de planta cuadrada que desarrolla en la planta baja arcos de ladrillo sobre doce columnas de piedra de la sierra del Torcal.

Las galerías de la planta principal se remodelaron en el siglo XIX. A ellas se accede mediante una monumental escalera, cuya caja posee planta rectangular y se cubre mediante bóveda elíptica.

De estilo barroco, es el mejor en su género de los que se levantaron en Antequera. Los cilindros de piedra y las cadenas en la acera junto a la puerta de entrada vienen a simbolizar ello, que en el mismo han pernoctado reyes. El marqués de Villadarias no era antequerano, pero le gustaba mucho esta y optó por vivir aquí.

José Bonaparte se hospedó en el Palacio de Villadarias. Sin embargo, no se habla de su estancia, siendo rey también, y sí de la de Felipe V. Otras muchas personalidades han pernoctado en dicha casa palacio a través de los tiempos. Las monjas de Madre de Dios, cuando su iglesia y convento ardieron, vivieron allí hasta que se pudieron incorporar a sus reconstruidas instalaciones. Es, sin duda, el mejor palacio de la ciudad, con un estado de conservación excelente gracias a sus propietarios, que aunque está vacío, lo miman y cuidan.

El mejor sitio de Antequera se le ofreció en su gira por Andalucía, y José Bonaparte aceptó hospedarse.

En este lugar regio y monumental, desde el primer momento de la entrada de los franceses, es donde se hospedó el gobernador militar, convirtiéndose en lo que podemos llamar la cabecera de mando del distrito militar de Antequera, con una extensa red de localidades cercanas.

22. La Posada de San Fernando

Las tropas francesas se asentaron en una posada enorme, la conocida como Posada de San Fernando (situada enfrente a la actual sede del Archivo Histórico Municipal de Antequera), construcción que pasó mucho tiempo olvidada, con obras paradas desde la crisis de 2008 y ahora activadas, con fachada nueva, idéntica a la anterior para conservar la esencia del edificio, que he visto con ilusión cuando se le ha quitado el velo o toldo que la tapaba.

Los patios de dicha instalación ocupaban una buena porción de la conocida calle Río. El ejército francés quería que su caballería tuviera su sede en Antequera y que, por tanto, unos 300 caballos con sus jinetes se albergaran en los mismos locales, bajo el mando de los oficiales correspondientes.

La amplia extensión de terreno que tenía dicha posada la convirtió en la mayor de Antequera, y con mucha distancia de las demás. Las autoridades locales la destinaron a la caballería francesa, pero no cabían todos en la misma y, por esta razón, la mitad aproximadamente se acomodó en el convento de San Francisco (junto a la actual plaza de abastos).

La autoridad ocupante le exigió al Ayuntamiento que, a toda prisa, se construyesen los pesebres suficientes. Parece ser que solo había del orden de sesenta, el resto se hizo en trabajos continuados durante el día y la noche. A los soldados se les proveyó también de las camas, pues no había para todos.

La Posada de San Fernando es nombrada por Washington Irving, pues pernoctó en ella, el cual vivió por un tiempo en la propia Alhambra, donde se conservan las habitaciones que ocupaba.

Antequera es una ciudad dentro de la Ruta de Washington Irving, ruta que recorre los pasos que el escritor romántico y diplomático norteamericano siguió en 1829, fascinado por la riqueza y el exotismo de la civilización hispanoárabe, unidos a la admiración por la figura de Cristóbal Colón y el descubrimiento de América.

Fruto de su permanencia en España y de sus viajes, Washington Irving escribió obras como *Vida y viajes de Cristóbal Colón*, *Viajes de los compañeros de Colón*, *Cuentos de la Alhambra* e *Historia de la guerra de Granada*. Transcribo algo de su escrito:

Prosiguiendo nuestro camino por una calle espaciosa llegamos a la Posada de San Fernan-

do. Como Antequera, a pesar de ser una ciudad considerable, queda, según dejo dicho, un poco a trasmano, yo me había hecho el cuerpo a encontrar en la posada mal alojamiento y escasa comida. Por lo tanto, resulté agradablemente defraudado ante una bien surtida cena y, lo que era todavía mejor, habitaciones limpias y espaciosas y buenas camas. Nuestro Sancho se sintió también como su tocayo cuando le dejaron mano libre en las cocinas del duque. Me hizo saber, cuando me retiraba a dormir, que las alforjas habían tenido un momento glorioso.

Por la mañana temprano (era el 4 de mayo), fui dando un paseo hasta las ruinas del viejo castillo moro que fuera levantado sobre los restos de una fortaleza romana. Una vez allí, tomé asiento en los restos de una torre ruinosa y disfruté de un paisaje hermoso y variado, bello en sí, y lleno de románticas y novelescas connotaciones, puesto que me encontraba en el mismísimo centro de la comarca que fue famosa por los caballerosos enfrentamientos de moros y cristianos. A mis pies, en la ladera del cerro, se extendía la vieja ciudad guerrera tan a menudo mencionada en crónicas *y romances. Fuera de aquella puerta y por aquel cerro abajo desfiló un día el escuadrón de caballeros cristianos de más alto rango y mayor bravura para perpetrar aquella correría que acabó, durante la guerra de Granada, en lamentable matanza por las sierras de Málaga y que vistió de luto a toda Andalucía.*

Detrás se extendía la vega, cubierta de jardines, huertos y tierras de pan llevar y de prados esmaltados. Solo la superaba la tan famosa vega de Granada. A la derecha, el escarpado promontorio de la Peña de los Enamorados se internaba por la llanura. Desde aquella altura, seguidos de cerca por sus perseguidores, se despeñaron, desesperados, la hija del alcaide moro y su enamorado.

El repique matutino, allá abajo, de las campanas de la iglesia conventual sonaba dulcemente en el aire matinal según iba yo ascendiendo. La plaza del mercado empezaba a llenarse de la gente que trapichea con la abundante producción de la vega. Hay que tener en cuenta que este es el mercado de una comarca agrícola. En los puestos de la plaza abundaban las rosas recién cortadas. Ninguna dama o damisela de Andalucía considera satisfactorio su aliño si no lleva una rosa brillando como una gema entre sus negrísimas trenzas...

La ubicación de Antequera une las capitales de las dos Andalucías tradicionales, la baja y la alta, la de la alegría y la del llanto, como dicen algunos, dos Andalucías tan cercanas y tan distintas. Antequera es la bisagra que las une.

El dinero que necesitaba el ejército ubicado en Antequera procedía de lo que este obligaba al Ayuntamiento a pagar y a los otros Ayuntamientos del distrito militar, aunque también tenía otras fuentes de ingresos, como la requisa sin más o simplemente la enajenación de lo que querían sin más trámites, todo un saqueo legal.

Evidentemente, otros huéspedes que había en la posada fueron desalojados de forma rápida antes de acomodarse los franceses. Ya en estado ruinoso en este siglo, era conocida como «casa de los guardas», de García Berdoy.

Al ser los viajes lentos en caballos o mulas, o bien en coche de caballos, y por caminos malos, requerían bastante fortaleza, y Antequera por su ubicación estratégica era un sitio de mesones, fondas y posadas, distintos nombres para el mismo fin, que no solo era alojar personas, sino también ganado caballar y mular.

Por citar algunas de las que he sabido, existían instalaciones de este tipo en lo que hoy es el cuartel de la Guardia Civil, junto a plaza de Castilla. También en calle Mesones, de donde viene su nombre. Hubo igualmente posadas en cuesta de Zapateros, donde todavía hay un edificio cerrado que mantiene en parte lo que fue posada, quizá el único que quede y que convendría no perder, y en calle Lucena, en lo que es hoy el restaurante El Número Uno, donde hubo una posada en sus orígenes.

23. El convento de San Zoilo y otros alojamientos conventuales

Conocido habitualmente como iglesia de San Francisco, que es lo que queda del convento, junto al claustro de este, y que hoy está destinado como biblioteca municipal, claustro que milagrosamente se pudo recuperar de un estado ruinoso. Agraciadamente, en Antequera hemos tenido y tenemos muy buenos alcaldes.

El convento de San Francisco fue el más antiguo de Antequera. Los Reyes Católicos, el 18 de septiembre de 1500, daban licencia mediante real cédula, que se conserva en el Archivo Histórico Municipal de Antequera, para que la ciudad cediera terreno a los religiosos con el fin de levantar un monasterio.

El enorme solar entonces cedido venía a coincidir, en líneas generales, con la manzana que actualmente forman las calles Trasierras, Obispo, Calzada y plaza de San Francisco. Las obras fueron muy rápidas, pues se había librado una partida económica importante para ello y, según parece, en 1515 ya estaba en buena parte construido.

Evidentemente, la iglesia ha tenido cambios durante estos seis siglos, por ejemplo, en las yeserías decorativas y el presbiterio, que en sus inicios estaba situado a mayor altura que la actual con referencia al suelo del templo.

Hay escritos donde se reseña que el origen de este se remonta a 1487, año en el que se completa la conquista de Málaga por los Reyes Católicos. Una vez que los monarcas emprendieron regreso a Castilla, se hospedaron en el alcázar de Antequera o castillo de Papabellotas, como se le conoce popularmente, donde hicieron escala debido a la enfermedad renal de su hijo Juan.

Los reyes fueron informados de que había una capilla en la ciudad dedicada a San Zoilo, construida en 1411 por encargo del infante don Fernando al marcharse de Antequera después de su conquista, y que se ubicó en el mismo sitio donde este tenía puesta su tienda de campaña en el asedio a Antequera. Esta capilla también se utilizaba como puesto de guardia.

El príncipe, el hijo de los Reyes Católicos, padecía de piedras en el riñón, así que se encomendaron a San Zoilo, mártir de Córdoba y patrón de los enfermos renales.

El infante don Fernando, abuelo de Fernando II (el rey católico), sufrió también esta enfermedad de piedras en el riñón, enfermedad que le causó la muerte siendo aún muy joven.

La capilla fue demolida para la construcción de la iglesia y el convento actuales, pero sus materiales fueron reutilizados en la edificación de este, así que de alguna manera los orígenes de San Francisco son de 1411. La ubicación, por consiguiente, no tenía duda alguna.

En ese mismo año que los Reyes Católicos estuvieron en Antequera hasta que pudieron reiniciar el viaje con su hijo enfermo, es decir, en 1487, falleció este poco después estando en Salamanca. En su testamento redactó que donaba 34.000 maravedíes para instalar el convento. Sus padres concedieron la real cédula comentada de 1.500 y, como había dinero librado, el convento de San Francisco se construyó con celeridad; no estaba al socaire de donaciones diversas que, en buena medida, eternizaban gran parte de las construcciones religiosas.

En aquellos momentos, Antequera la Llana no existía aún, había espacio de sobra, por lo que el terreno del convento era tremendamente amplio, para constar con una huerta como base alimentaria de los monjes, aparte de gallinas y otras especies animales.

No se les cobraban impuestos por parte del Ayuntamiento y contaban con otros privilegios como el no tener que pagar tributos sobre ciertos artículos, tales como carne y pescado.

El convento desde su fundación poseía estudios de artes y cátedra de Filosofía, tema que creo que se ha divulgado poco. Además el edificio funcionaba como alojamiento para religiosos franciscanos que necesitaban descanso durante sus viajes, incluso franciscanos de otros países se hospedaron en el convento de paso en sus viajes. Cuando se hizo la desamortización de Mendizábal, había setenta y seis religiosos, una comunidad muy extensa.

El rey José Bonaparte dictó la orden del 18 de agosto de 1809, en la que se ordenaba que quedaran desalojados todos los conventos masculinos de España, así que en Antequera quedaron libres, antes de la llegada de los franceses a Andalucía, los once conventos masculinos, excepto el de San Juan de Dios, por ser el hospital.

Así teníamos, aparte del indicado, el convento del Carmen, el convento Santa María de Jesús, el convento de Belén, el convento de los Remedios (hoy ayuntamiento), el convento de Santo Domingo, el convento de la Trinidad, el convento San Agustín, el convento de la Magdalena, el convento de la Victoria (frailes mínimos) y el convento de Capuchinos. En total, once conventos disponibles.

Era la orden de desalojo para toda España. Cuando se marcharon los franceses, volvieron a sus templos los monjes, pero no en todos los casos, pues los dejaron por lo general destrozados antes de irse, como recuerdo de su estancia. De todas formas, el regreso fue para poco tiempo, porque con la desamortización de Mendizábal se les enajenó a monjes y monjas todos los bienes rústicos y urbanos, y se echó a los monjes de los conventos y a las monjas solo de los conventos donde había pocas.

Durante la ocupación, los franceses dispusieron de los once conventos para asentar a sus tropas sin problema de espacio ninguno. Mejor imposible.

El principal, San Francisco, era el que más espacio e instalaciones tenía tanto para habilitar dormitorios y comedores como para alojar los caballos y guardar pertrechos, además de estar situado en el centro de la ciudad y junto al ayuntamiento, que en aquellos entonces estaba en una de las casas de dicha plaza.

Los invasores se adueñaron rápidamente del monasterio de San Zoilo, que era el más grande de la época para meter tropas, y no es que lo utilizasen, en realidad lo saquearon, como tantos otros.

Cuando más tarde llegó para quedarse un regimiento polaco, con unos 800 soldados de infantería, no tenían problemas de acomodo. E, igualmente, el personal antequerano o del distrito de Antequera contratado por el ejército francés.

Los oficiales, en buena parte, se alojaron en casas señoriales antequeranas por órdenes a sus propietarios emanadas del Ayuntamiento. Su comodidad era total, ya que ocupaban las casas de más rango y categoría, donde además hacían sus comidas y parece que hubo algún que otro enamoramiento.

Los franceses, cuando se marcharon de las ciudades españolas, tenían por norma explosionar los fortines, destruirlos, y así ocasionaron destrozos en Andalucía y Extremadura, donde estaba el ejército del sur de Napoleón bajo las órdenes del reyezuelo mariscal Soult, el cual tenía claro que volverían a España y no quería dejar fortines en pie para evitar que se hiciera fuerte la resistencia española en los mismos.

En su marcha, arrasaron todo lo que pudieron. Esta idea demoledora la tiene el responsable del ejército del sur, el mariscal Soult, que vivió en Sevilla. Era de gusto refinado y realizó un gran expolio de obras de arte en su área. Una figura muy negra para la historia de España.

Hay que tener en cuenta dentro del relato que ya antes de venir la ocupación, durante el siglo XVIII, planeaba ideológicamente que los bienes de las diferentes órdenes religiosas pasaran al Estado.

En los inicios del siglo XIX fue cuando tuvo lugar la ocupación francesa, es decir, cuando esta empezó a llevarse a cabo.

Durante su inquieto paso por España, el desordenado y aturdido período de José Bonaparte, se decretó la supresión de la casi totalidad de las órdenes religiosas, incautándose sus bienes.

Las Cortes de Cádiz, posteriormente y de forma premeditada, un tanto liberales, no deshicieron las instrucciones de José Bonaparte en cuanto a evacuación de conventos masculinos y no se definieron en ningún sentido, por lo que muchos conventos volvieron a manos de sus antiguos ocupantes.

Ya con la desamortización se llevó a cabo de forma total y sin miramientos, sin delicadeza y sensibilidad por Juan Álvarez de Mendizábal, tan pronto como alcanzó el poder en 1835, cuando se enajenaron todas las propiedades de la Iglesia, se evacuaron los conventos de monjes, salvo alguna excepción, y se clausuraron muchos conventos de monjas.

De esta forma, aparte de San Zoilo, los que más sufrieron con la ocupación fueron Santa María de Jesús en el Portichuelo, el convento del Carmen y Santo Domingo; en los tres casos quedaron hechos pedazos.

La iglesia y convento de Santa María de Jesús fue destruida a la salida del ejército francés. Solo quedó en pie una capilla. Lo que ahora existe fue construido por la cofradía después de marcharse los enemigos. Tenemos la bella iglesia de Jesús gracias al espíritu cofrade del pueblo llano.

En el Carmen, igualmente ocuparon el convento, respetando, afortunadamente, la iglesia por ser parroquia, pero al marcharse arrasaron el convento y dejaron la iglesia desvalijada.

El convento de Santo Domingo, a cuyo claustro inmenso se entraba por calle Pasillas, lo dejaron igualmente en estado totalmente lamentable, y la iglesia muy deteriorada.

Era una época difícil para la Iglesia porque una parte de la población la estimaba como causa de todos los males; esto ocurre cuando la ciudadanía está empobrecida. Pero los antequeranos, después de tantos siglos, llevan la raigambre católica incrustada en sus genes.

De no ser por estas iniciativas del pueblo, hoy no tendríamos apenas nada de nuestro patrimonio religioso. Esto es bueno conocerlo, lo que hoy se ha salvado ha sido en gran parte por acciones populares a iniciativa de los ciudadanos, que han permitido recuperar buena parte de nuestro patrimonio, reseñando que posteriormente a la guerra civil del siglo pasado, hubo falta de mantenimiento y se perdió mucho, practicándose además demoliciones diversas e importantes. Esto en otras poblaciones no se ha dado, ni mucho menos, como en Antequera, gracias a lo cual tenemos el patrimonio que tenemos.

En la evacuación de los conventos durante la ocupación napoleónica, gran parte de las riquezas artísticas fue escondida en casas de particulares de la ciudad y en el campo, corriendo un alto riesgo, porque los franceses amenazaban fuertemente y cumplían con severidad sus amenazas.

A los que en registros se averiguara que poseían ocultamente aquello que ellos habían dictaminado como obligatorio de entregar, en casos considerados graves, se les castigaba con pena de muerte, fusilamientos dentro de las murallas del castillo, o bien eran enviados presos a Granada.

Mucho, supongo, fue vendido a mercaderes, ante el hambre que teníamos.

24. Amurallamiento de Antequera la Llana

Ellos, los franceses, son los que mandan, y los antequeranos, dispuestos a servirles, dan instrucciones muy pronto de que Antequera quede cerrada, que nadie puede entrar ni salir, nada más que por cuatro puertas a tales efectos. Las obras de la muralla ha de hacerlas y financiarlas el cabildo o ayuntamiento, bajo la dirección de obras de un arquitecto francés.

Todas las calles abiertas a la periferia que dan al campo tienen que ser tapiadas y las puertas y ventanas que dan al exterior de la ciudad, igualmente, han de ser cegadas.

Con ello se hace que Antequera sea como una nueva fortaleza cerrada, con la debida altura y custodiada en todo su perímetro. Junto a las puertas se habilitan espacios cubiertos para que sirvan como cuerpo de guardia. La vigilancia del cerramiento se hace desde el exterior, día y noche, supervisada por antequeranos contratados por los franceses.

Las únicas cuatro puertas con grandes portones fueron: Málaga (Portichuelo), Granada, Estepa (calle Alameda) y Lucena (Cruz Blanca).

Todo fue muy rápido, utilizando como albañiles y obreros a los antequeranos. En poco tiempo queda la obra terminada y Antequera cerrada, de tal forma que la ciudad constituye para los antequeranos una gran cárcel donde, por falta de abastecimientos suficientes, cada día hay más hambre, alcanzando el cénit de esta en 1812, año de terrible penuria para la supervivencia.

Por supuesto, todas las vacas, ovejas, cabras, cochinos y gallinas desaparecieron, pues se los comieron los franceses; los antequeranos solo disfrutaron de lo poco que podían esconder, mientras les duró. Antequera, que tenía una buena cabaña de ovejas, quedó sin ninguna prácticamente. Esto ocurrió, en general, en muchas poblaciones de España. Evidentemente, los pueblos del distrito fueron igualmente despojados por las tropas francesas a tales efectos.

Se convierte Antequera en plaza fuerte para los invasores a lo largo y ancho del distrito militar, con el cuartel general en la alcazaba como su foco de resistencia fundamental y ocupando varios recintos en la ciudad, como se comenta en otros capítulos. Ello viene a significar la importancia estratégica de esta Antequera para los ocupantes que nos han invadido, y se concreta en que los ciudadanos se encontraron prisioneros en su propia localidad, recluidos como con el COVID, pero muchos más meses, sin sanidad y sin apenas alimentos.

Esta pérdida de libertad fue dura de llevar. No se podía salir sin permisos concedidos, lo cual en la práctica conducía a una paralización de la vida agrícola, industrial y comercial y a un aumento de las carencias a todos los niveles, que lógicamente no podían tener otra salida que librarse de los franceses. La guerra de guerrillas, y no a campo abierto, los tenía desconcertados, nunca se habían visto en un caso así. No sabían en qué momento podían recibir una emboscada.

La filosofía del rey José Bonaparte no era esta, sino todo lo contrario: crear escuelas, cuidar el patrimonio artístico, arreglar caminos, etc.; pero la política del ejército de ocupación no coincidía con la suya. E irse las tropas era imposible hasta que vencieran, pero con las guerrillas les era imposible solucionar ello.

Ya de este cerramiento no queda nada, pues posteriormente a su marcha fue derribado. El aspecto de la ciudad desde el exterior, cuando estuvo cerrada, debía ser impresionante. Se trataba de tener protegida para los franceses la ciudad de Antequera ante posibles tropas españolas enemigas que se formasen y, por supuesto, un método de defensa igualmente ante las guerrillas. Había que tener control total de la misma. Era la estrategia del mariscal Soult, responsable francés de Andalucía y la mayor parte de Extremadura.

25. El convento de las Recoletas

A las monjas agustinas del monasterio de Loreto se les ordenó que dejasen vacío su convento. Había ocurrido que, tras la expulsión de los jesuitas, muchos años antes, para que no quedara vacío y deteriorándose, de forma un tanto provisional se había llegado a un acuerdo para que lo ocupasen parte de las monjas del convento antequerano de Madre de Dios, el más importante de la ciudad. Las monjas agustinas ya no volverían nunca a las Recoletas.

El Ayuntamiento, junto con la jerarquía militar francesa del distrito, había decidido destinar este convento como almacén principal o regulador para el abastecimiento de las tropas francesas. No solo se almacenaría comida, pues los soldados exigían multitud de enseres, por ejemplo, los zapatos y la ropa de uniforme que era obligatorio suministrarles. El personal que gestionaba el almacén era antequerano, bajo las órdenes del Consistorio y supervisado por los franceses.

Muchos objetos se llevaron las agustinas al convento de Madre de Dios, que, con ellas presentes, fue saqueado como todos los demás (excepto el convento de las Descalzas, que fue el único que se respetó).

Parte del convento de las Recoletas se convirtió en taller de costura para la confección de prendas del ejército francés, todo ello con personal antequerano.

El almacén de trigo fue el pósito, es decir, el que había a tales efectos. *Pósito* es una palabra que proviene de *depósito*, algo así como un antiguo silo que teníamos junto a la estación de FF.CC. y que, lamentablemente, ha sido demolido hace pocos años; el silo era el pósito del pasado reciente.

En el pósito, había una soberbia caja fuerte muy grande. Para abrirla, eran necesarias tres llaves, que custodiaban tres personas diferentes de alta responsabilidad. Pues bien, esta caja fuerte fue la usada por los franceses como almacén de alhajas y objetos de alto valor. Agraciadamente esta instalación se conserva hoy y forma parte del Archivo Histórico, el antiguo Pósito.

Al almacén regulador de las Recoletas llegaban las carretas procedentes de las localidades del distrito militar, con provisiones demandadas a los cabildos correspondientes, aparte de las que requisaba sin más paliativos el propio ejército.

26. El hospital de San Juan de Dios

Al frente del hospital de San Juan de Dios, se puso a un francés como director. Los gastos siempre corrían a cuenta del cada vez más exhausto Ayuntamiento de la ciudad.

Decidieron evacuar de él al personal civil antequerano, con lo que los ciudadanos se quedaron sin hospital, dejando este solo para el servicio de los franceses. Los antequeranos, ya de por sí deficientes en cuanto a instalaciones, medios y tecnología, quedaron aún más en precario y crecieron el descontento y los problemas sanitarios.

Así pues, mientras estuvieron los franceses en Antequera, no hubo hospital para el pueblo, que tenían que curar sus enfermedades en sus propias casas, con una atención médica bastante insuficiente y escasos médicos de cabecera, ya que la mayoría de ellos se encontraban en el hospital para atender a los franceses; solo podían visitar a los antequeranos a deshora.

Otro hospital para enfermos que había en Antequera también fue utilizado exclusivamente para las tropas francesas, excluyendo a la población de estos centros. Supongo que el mismo sería el hospital de la Caridad, que tenía su entrada por calle Estepa y otra por calle Vestuario. La actual plaza de Cristóbal Toral formaba parte de esta instalación.

Residieron los gabachos en esta ciudad mejor que en su propia casa. Desde Antequera, bien comunicada, visitaban las localidades puestas bajo su jurisdicción militar y robaban lo que les parecía o —más que «robaban», que suena muy mal— enajenaban, que es otra forma de robar, pero en fino, y todo ello a expensas de los antequeranos, que no podían salir de la ciudad, a no ser que tuvieran salvoconducto, por lo que la situación del pueblo era muy angustiosa.

La esperanza de vida entre 1860 y 1887 era de veintinueve años, enormemente inferior a la media europea. La medicina española a principios del siglo XIX estaba mucho más próxima a la practicada en el siglo XVIII. Permanecía alejada del conocimiento y el progreso europeo. No fue hasta mitad del siglo cuando se produjo el verdadero cambio, comenzando a ser una profesión basada en estudios científicos, siendo París el centro de referencia de la nueva clínica europea.

Durante la segunda mitad del siglo XIX, la medicina interna y la patología alcanzaron el desarrollo suficiente para que desapareciera la medicina especulativa.

La asistencia sanitaria era, fundamentalmente, privada. Los Ayuntamientos (alcaldes y jefes políticos) tenían competencias en salubridad, caracterizándose por sus decisiones autónomas y descoordinadas, junto a la ineficacia crónica de la medicina, farmacia y veterinaria y las limitaciones técnicas de la cirugía.

El médico, a principios del siglo XIX, atendía a los enfermos sin lavarse las manos, incluso después de manipular una herida en diferentes pacientes, pues lo ignoraba todo acerca de los gérmenes. No se conocían las causas microbiológicas de las enfermedades infecciosas y, por lo tanto, su adecuado tratamiento. Ni siquiera se distinguía claramente entre unas enfermedades y otras con clínica parecida.

La ignorancia de las causas de la fiebre amarilla y del paludismo, así como de otras «calenturas» en el siglo XIX, tenía su origen en la creencia arraigada de un determinismo climático, cuya influencia en la salud de los habitantes era decisiva, argumentada en una teoría que concebía que las enfermedades eran producto de emanaciones pútridas de las aguas, del aire y de sustancias orgánicas condicionadas por los cambios del tiempo atmosférico, especialmente por las lluvias y las altas temperaturas; es por ello que se hablaba de «calenturas estacionales».

Se ponían, por este motivo, productos aromáticos en ventanas y habitaciones. O bien la enfermedad se originaba por un desequilibrio de alguno de los cuatro humores (bilis negra, bilis amarilla, flema y sangre). Tuvieron un gran predicamento los vomitivos y purgantes, y una enorme difusión la práctica de las sangrías.

Durante los primeros años del siglo XIX, los métodos terapéuticos básicos empleados consistían en regímenes dietéticos generales, ejercicio físico, reposo, baños y masajes, sangrías, empleo de ventosas, cauterización, transpiración, eméticos, purgantes, enemas y fumigaciones.

Se disponía de multitud de plantas medicinales y remedios minerales, pero solo un pequeño número tenía un fundamento fisiológico o incluso empírico: la quinina para la malaria, la colchicina para la gota y los opiáceos para el dolor.

Se utilizaban compuestos arsenicales para el tratamiento de fiebre intermitente, parálisis, epilepsia, edemas, raquitismo, enfermedades cardíacas, cáncer y úlceras.

Las enfermedades infecciosas eran las más frecuentes y mortales a principios del siglo XIX. La guerra propiciaba un medio idóneo para su desarrollo de forma epidémica. En la expansión de estas epidemias tenía un papel decisivo el escaso nivel de vida de una población básicamente agrícola, de autosubsistencia, con bajo nivel higiénico, escasez de médicos y escasa demanda de sus servicios por una población que consideraba la mortalidad como un parámetro natural e ineludible en muchos casos, el fatalismo.

Dependientes de las condiciones de vida, las enfermedades infecciosas se presentaban, en el siglo XIX, como enfermedades sociales típicas. La inexistencia, o ineficacia, de la actuación pública que ayudase a combatirlas contribuyó a reforzar el carácter discriminador que las distinguía. La infección hacía estragos entre las clases sin recursos económicos y solía respetar los núcleos privilegiados, con más medidas sanitarias.

27. Milagro en el convento de las Carmelitas Descalzas

El convento de las Carmelitas ha superado los siglos manteniéndose un tanto milagrosamente.

En la ocupación francesa de Antequera no sufrió daños, debido a que daba la casualidad de que una de las monjas era francesa, y esta fue la causa por la que fue respetado, curiosamente. Es más, los franceses en este caso —diremos, único— hasta les llevaron alimentos cuando se vieron muy apretadas. Mientras, en los demás conventos andaban saqueando sin remisión, siendo una y otra vez objeto de inspecciones para ver qué se podían llevar de interés y buscando hasta en el último rincón.

Durante el período trágico de nuestra guerra del siglo pasado, las monjas carmelitas abandonaron el convento, pero una miliciana del pueblo evitó que este sufriese ningún daño. Además de ayudarlas, situando y repartiendo a las monjas en casas particulares donde las visitaba y protegía, controlaba y cuidaba el convento.

No se vieron afectadas por las exclaustraciones de 1820 y 1835, al tener más de doce monjas. Ha sido un milagro conservar su patrimonio.

Todo ello conlleva a que hoy tenga un museo conventual muy interesante, porque sus riquezas artísticas no se han perdido; muchas procedían de dotes de las monjas que dejaban allí sus familias al entrar a profesar las mismas. Hay obras de Francisco Salzillo, Antonio Ribera y Lucas Giordano, entre otros.

Es el único convento cuyo patrimonio se ha conservado de forma plena.

28. El alcázar o castillo de Papabellotas

El alcázar, conocido habitualmente como castillo de Papabellotas, al menos antes, se convirtió en el punto principal de la ocupación de Antequera, al ser la parte más alta de la ciudad y zona amurallada y estar preparado para resistir asedios. Allí sabían que podían ser fuertes en caso de que las cosas se le complicasen, pues nunca se sabe.

Los invasores eligieron este escenario de fortalezas donde instalaron artillería, podían defenderse contra un ejército español enemigo y, a la vez, custodiaban mejor el polvorín que allí instalaron y material de aprovisionamiento de guerra.

El alcázar era el punto de mayor importancia para el ejército napoleónico al asentarse en esta ciudad, cabecera del distrito militar francés.

Hay en aquel espacio dos amurallamientos: uno el de la antigua Antequera árabe de la medina o ciudad y otro del recinto militar, ambos colindantes por un muro común.

La población se había trasladado a la parte llana y la zona alta, donde está el castillo, que estaba en claro abandono. A los franceses les interesaba el sitio militar, no la medina en sí. Tuvieron que recomponer algunos de sus paños de muralla en ruina e instalar adecuadamente cañones de defensa que apuntasen a la ciudad, y ello requería obras, personal y albañiles; en definitiva, unos trabajos que precisaban con premura y ciertamente importantes, que requirieron con tono imperativo al Ayuntamiento para que ejecutase a su cargo estos trabajos.

Estas peticiones e instrucciones eran un «sí o sí», no había más remedio que doblegarse a ellas, y si el cabildo no tenía dinero, debería buscarlo y conseguir-lo, empobreciéndose más aún.

La dirección de las obras, por supuesto, la llevó un arquitecto francés y estas duraron unos meses, aproxi-madamente seis; dentro del año 1811 se terminaron.

El pensamiento francés era quedarse en Ante-quera, donde pensaban establecerse para siempre. Estaban encantados, en comparación a estar por ahí en guerras atroces.

Hay que indicar que la iglesia de Santa María la Ma-yor, antigua colegiata, quedaba fuera de los muros del recinto cuartelario. Dentro del recinto de la alcazaba, que ocupaba solo una parte, la más alta, de la antigua Madinat Antaqira, estaba la antigua mezquita de San Salvador, construida en época almohade, a finales del siglo XII y siglo XIII. Como decía el padre Cabrera en el siglo XVII: «Se trata de un templo pequeño de tres naves y capilla mayor algo proporcionada».

Esta mezquita fue cristianizada, apenas se conquistó Antequera, por don Lope de Mendoza. Ello lo relato con cierta exactitud en mi libro *La conquista de la Antequera musulmana*.

Se lee en algunos libros que existía en la antigua ciudad musulmana una aljama mayor, donde hoy está la antigua colegiata de Santa María. Parece que así era y que la misma se cristianizó con su nombre actual posteriormente a la conquista, haciéndose parroquia.

La que se consagró en el momento de la conquista fue la mezquita más pequeña dentro del recinto del castillo, a la que se puso el nombre de San Salvador desde ese primer momento de la ocupación de Antequera por las tropas castellanas, tras la expulsión de todos los habitantes de la ciudad, que eran una mezcla de nativos, romanos, visigodos, con religión musulmana.

Eran nuestras raíces y todos los antequeranos fueron expulsados, huyendo a Archidona y de allí a Granada, creando en esta última el barrio que todavía conserva el nombre de la Antequeruela, de modo que Antequera fue repoblada en su totalidad con nuevo personal, básicamente del norte de España.

La conquista de Antequera aparece en la historia como un hecho heroico, y realmente fue muy sangriento, donde los bárbaros castellanos del norte liquidaron una civilización culta y tolerante, cuyo mal fue estar dividida en taifas, faltándole la fuerza que hace la unión.

En la iglesia de San Salvador (dentro del recinto del castillo), había enterramientos diversos de conocidas familias, tales como Chacones, Padillas, Pachecos, Arroyos, Ocones, etc., todos apellidos de la mitad norte de España, y, por supuesto, el sepulcro de Narváez, trasladado a otra iglesia y que se conserva perfectamente en la actualidad.

En 1411, se ordenó que hubiera tres parroquias en la ciudad: San Salvador, Santa María y San Isidoro. Está claro que Santa María era la mezquita situada donde está ahora la colegiata, y San Isidoro era la sala de armas, situada junto a la Puerta de Espera. Sin duda, parte de las piedras de Santa María provienen de la mezquita árabe, construida con piedras en buena medida romanas, aparte de otras que durante la construcción de la colegiata se llevaron desde las ruinas de la ciudad romana de Singilia Barba. Lo de reciclar es ya un tanto antiguo, la pena es que antes no se valoraba mantener el patrimonio histórico, había otras prioridades mucho más urgentes.

Estas tres parroquias las dicta don Lope de Mendoza, administrador perpetuo de la iglesia de Sevilla y que había participado en su momento en la toma de Antequera.

Los franceses ordenaron desalojar la iglesia de San Salvador para dejarla como nave limpia y despejada. Esta iglesia, con la despoblación de la parte alta de la ciudad, no era ya parroquia y su contenido, ya muy reducido, fue colocado en Santa María.

La pila bautismal, por cierto, se logró salvar. Ya con anterioridad a los franceses, un obispo ordenó que todas las que fueran de cerámica vidriada se destruyesen, pues recordaban a la época mora, que había que olvidar. La de Antequera milagrosamente se salvó, es otro de los tesoros que tenemos.

San Salvador fue parroquia hasta 1667, año en que dejó de serlo por orden de Alonso de Torres. Aquel paraje estaba ya prácticamente deshabitado y quedó reducida a ermita. El crucificado de la Paz del año 1592 se conserva en la iglesia del Carmen.

Lo que fue iglesia de San Salvador servía de almacén, como polvorín, aunque no todo concentrado en el mismo punto, pues había una torre del castillo igualmente dedicada a este fin.

En otros puntos de ocupación de Andalucía y Extremadura, con órdenes del reyezuelo mariscal Soult, se volaron y saltaron por los aires. Aquí en Antequera, los explosivos se los gastaron en destruir gran parte de los conventos, y dentro del recinto de la alcazaba, lo que volaron fue la ermita de San Salvador, la antigua mezquita, que hubiese sido hoy un monumento de inmenso valor si hubiese llegado a nuestros días. Los despojos de esta se los llevaron los vecinos para, con estos materiales, arreglar sus hogares.

La cárcel que pusieron a su servicio los franceses era la que teníamos y que estaba muy cerca del Arco de los Gigantes. Los fusilamientos se hacían en el interior de la alcazaba. No hay cifras sobre el número de fusilamientos de antequeranos y de otras personas traídas prisioneras de otros lugares, pero no debieron ser pocos. A los detenidos se los llevaban y, en la mayoría de los casos, no se sabía más de ellos. Si preguntaban les decían que los habían enviado a Málaga o a Granada y se acababan las explicaciones.

29. La guerrilla del capitán Moreno

El libro de José María Casas Santero, nacido en Madrid en 1957, narra de forma novelada la biografía del capitán Moreno.

Este héroe antequerano, casado con una rondeña y que tuvo su residencia en Málaga, se llamaba Vicente Moreno Baptista. Su fecha de nacimiento fue el 7 de enero de 1773, en la conocida calle Nueva, que arranca en la plaza de San Sebastián en Antequera. Como militar, participó en la guerra del Rosellón (sur de Francia), cuando los españoles lucharon contra los franceses.

Formando parte del ejército de Andalucía, integrado en gran parte por voluntarios, participó en la batalla histórica de Bailén, y posteriormente, con la llegada de la Grande Armée, en otras de resultado desastroso para nosotros, tales como Ocaña y Arquillos.

Participó en la defensa de Málaga, ante cuya ocupación los franceses tomaron fuertes acciones en la misma, con violaciones, asesinatos y robos. El capitán Moreno decidió formar su propia guerrilla, con la aprobación del residual ejército que había en aquellos momentos, en vista de cómo estaba el panorama y de que el ejército era prácticamente simbólico.

Su guerrilla tenía bastante movilidad, atacando, por ejemplo, a un convoy en el puerto de las Alazores, y tuvieron un encuentro con buen resultado en Riogordo. No era así el caso del guerrillero Roa, que tenía el campamento en sitio estable, bastante inaccesible y bien defendido, como es la sierra del Torcal.

Sus acciones más relevantes fueron en la Axarquía. Tuvo una corta trayectoria como guerrillero porque fue prontamente apresado por los franceses mediante la traición de un español. Le tendieron una trampa al sur del Torcal, en Navazo Hondo, el 2 de agosto de 1810, donde fue hecho prisionero por los franceses y trasladado a Málaga.

Posteriormente, los guerrilleros supervivientes asaltaron el cortijo del delator y lo incendiaron, matando a los ocupantes. El lugar se conoce como «el hoyo del francés».

Teniendo en cuenta que la ocupación de Antequera fue el 2 de febrero de 1810 y su apresamiento tuvo lugar siete meses después, su actividad como guerrillero fue muy corta.

Los franceses procuraron por todos los medios captarlo como aliado, con propuestas diversas bastante tentadoras y, ante la negativa, con amenazas variadas que incluían a su familia. Ni los tormentos le hicieron renegar de sus principios, por lo que al final no tuvo salvación, siendo ejecutado en Granada. Cuando subía al patíbulo, gritó la frase famosa: «Españoles, aprended a morir por la patria». Fue ejecutado el 10 de agosto de 1810, cuando tenía treinta y tres años.

Su pérdida fue demasiado temprana y ejemplar. Su brillante carrera y el heroísmo tremendo de su muerte por Dios, patria y rey hicieron que el capitán Moreno se constituyera en el mito de la que llaman guerra de la Independencia.

Valiente y mártir, por su valor y por su amor a la patria, a la que no quiso traicionar, se convirtió en un héroe antequerano, un referente cuya memoria perdurará a través de los tiempos como héroe en los anales del ejército español.

Su estatua de bronce expuesta en Antequera pesa 850 kilos y tiene una altura de 273 centímetros. Fue una obra del antequerano Francisco Palma, que residía en Málaga. Fue retirada del Paseo Real en 2012 y situada en la Alameda, delante del edificio de San Luis, un lugar emblemático en la entrada de la ciudad desde Sevilla.

30. La guerrilla de Roa

Del mismo existe un libro novelado de José Luis Borrero González, y como dice en el prólogo José Escalante Jiménez, es un personaje «olvidado por la historia y oscurecido por nuestro héroe local, el capitán Vicente Moreno, nunca se la ha dado la consideración que realmente merece».

Francisco Roa es, sin duda, el gran guerrillero que defiende los valores patrios frente al enemigo francés. Su partida va a jugar un papel estratégico y fundamental, y ofrecerá una férrea confrontación con las tropas regulares invasoras.

José Luis Borrero González nació en Rosal de la Frontera (Huelva) y vivió un tiempo en Antequera en su periplo profesional, interesándose vivamente en el período de la ocupación francesa de la ciudad. Con su novela, basada en hechos reales obtenidos del Archivo Histórico Municipal de Antequera, saca a la luz a este personaje antequerano que, por unas causas u otras, había sido ciertamente olvidado del mundo del recuerdo y poco conocido.

Le hicieron capitán por sus méritos de guerrillero, a título de reconocimiento, pero no de percepción de ingresos, en un tiempo donde apenas había ejército, embrionario, descompuesto y anulado por la invasión francesa.

Era escribano de Antequera, una persona pudiente, muy antinapoleónica, que cuando supo que venían las tropas francesas hacia Antequera se escapó al Torcal con cincuenta o sesenta guerrilleros y sus familias.

Poco a poco su guerrilla fue engrosando en número, llegando a tener 200 personas a su mando, de las cuales la mitad luchaba a pie y la otra mitad a caballo. Su figura no puede compararse con la del capitán Moreno, que por su muerte heroica pasó a la categoría de mito, siendo la del capitán Roa más controvertida.

Roa y sus guerrilleros se fueron al llano del Torcal Alto, donde hoy están el aparcamiento del centro de visitantes y el acceso a diferentes rutas del parque natural, con su carretera de acceso hasta dichas instalaciones.

Pero antes no era así, el Torcal era un inmenso bosque, había muchos árboles y arbustos. En cualquier resquicio, que tapaban con piedras de formas caprichosas, ellos acumulaban alimentos, carbón y leña, y allí se instalaron los guerrilleros con sus familias, mujeres y niños, que no se quedaron en Antequera por temor a represalias.

Estaban prevenidos para responder a un ataque de las tropas francesas por un terreno de acceso muy agreste, y además sus puestos de vigilancia les informaban cuando se aproximaban tropas para pasar por la falda del Torcal, que era el único camino de Antequera a Málaga en aquellos entonces. De esta forma, bajaban de la sierra para atacar a los franceses de forma insistente en ese punto u otro más alejado.

En el Torcal se encontraron seguros y aunque también experimentaron sus miedos, siempre era mejor para los guerrilleros, buenos conocedores del terreno con muchos escondrijos, un puro laberinto que conocían a fondo, que estar cerca de los franceses.

Al principio, el capitán Roa atendía o pagaba de su pecunio, pero pronto, cuando les faltaron los víveres. Procuraba robar a los franceses en los asaltos a sus caravanas, pero al ser ello totalmente insuficiente, tuvo que recurrir a enajenar los alimentos en ocasiones en cortijos, con el consiguiente perjuicio para los agricultores afectados, a los que quitaban grano y ganado. De esta manera, los antequeranos sufrían doble expoliación.

Por otro lado, en Granada, en su juventud, tuvo problemas con la justicia. Según se dice, su forma de ser, un tanto prepotente, no granjeaba generales simpatías. Además, según lo que se relata sobre el tema, parece que en algunos casos sus victorias eran sobredimensionadas por la guerrilla, integrada por personal de diferentes pueblos y que daba una publicidad de gesta por encima de lo real.

Tras la marcha de los franceses, el capitán Roa quedó en la pobreza porque, realmente, ni paisanos ni los agricultores importantes hacían nada por ayudarlo, y los tiempos no andaban para regalar nada, en una Antequera en estado mísero.

Por otro lado, muchos antequeranos se alistaron en los distintos departamentos de los franceses, por pensar que los mismos traerían tiempos mejores para la población o, sencillamente, para poder alimentarse ellos y sus familias en una época de hambrunas.

De esta forma, muchos antequeranos se alineaban en contra de los guerrilleros y estos contra los afrancesados, una suerte de guerra civil, de alguna manera. Eran tiempos convulsos para nuestro héroe.

Francisco Roa Rodríguez de Tordecillas fue bautizado en la iglesia de San Sebastián el 14 de junio de 1773. Nació, pues, en fecha muy cercana a la del capitán Moreno, siendo ambos amigos de la infancia. Ya en siglo XXI, Antequera tiene una calle llamada Francisco Roa en la barriada de los Remedios, de este héroe antequerano, como lo calificó nuestro alcalde Manuel Barón.

Era alcaide de las fortalezas de Alhama de Granada, pero este título no estaba remunerado tampoco.

Lo que no tenemos en Antequera es un monumento a Roa como el del capitán Moreno, que sí lo tiene, y en un sitio relevante y esplendoroso. Hay que tener en cuenta que es una obra de arte bien merecida, ya que el capitán Moreno tuvo una muerte ejemplar, de héroe inmenso, que prefirió morir antes de traicionar sus principios. Sin hacer comparaciones, Francisco Roa tuvo la suerte de no ser capturado por los franceses, aunque estuvo a punto de ello.

Roa se alistó en la compañía de cazadores de Antequera. Según parece, era una compañía de voluntarios, muchos de ellos procedentes del residual ejército español, y otros no tenían formación militar, que era muy valorada entonces.

Esta compañía fue la aportación de Antequera a la batalla de Bailén, integrada en la primera división del ejército de Andalucía, al mando del teniente coronel de origen suizo Reding de Bibereg, la cual se constituyó mediante una proclama de la Junta Local de Defensa de Antequera el 30 de mayo de 1808.

El plan de la batalla dirigida por el general Castaño fue un pleno éxito, por vez primera se ganó una batalla a las tropas de Napoleón. Muchos antequeranos no volvieron y se les dieron diez misas. Otros, que sí volvieron, cuando Antequera fue ocupada por el ejército francés, se fueron a la guerrilla o a otras poblaciones, para evitar las represalias de los franceses por sus mismos paisanos afrancesados.

Roa vistió a su tropa con un bonito uniforme, no quería que fuera un conjunto de desarrapados y había aprendido de los franceses lo importante que era el uniforme en el ejército.

Los prisioneros que hacían los guerrilleros tenían un pésimo futuro: les descerrajaban un tiro en la cabeza sobre la marcha; realmente, no tenían cárceles donde tenerlos prisioneros. Igualmente, los franceses eran implacables con los guerrilleros y con las personas que les daban protección, pero, eso sí, los encerraban, les procuraban sacar información y, o bien se fusilaban en el Alcázar, o bien para hacer menos ruido se les enviaba a la cárcel de Málaga o Granada, perdiendo el rastro para siempre. Los antequeranos no eran por lo general fusilados en Antequera, pero los de los pueblos sí; los fusilamientos se hacían dentro de la alcazaba.

El ejército francés estaba bien preparado y muy entrenado para las batallas a campo abierto, pero lo que se le presentó en España, unos enemigos organizados en partidas o guerrillas, refugiados en sitios un tanto inaccesibles y muy conocedores del terreno, era un suplicio que no sabían cómo desmantelar, una pesadilla para los mismos.

Las acciones de Roa contra el ejército invasor eran muy constantes, atacando a caravanas de suministro o de pasajeros. Incluso prepararon e hicieron un asalto nocturno a Antequera cuando supieron que en determinadas fechas había menos tropas acuarteladas; ellos tenían su tejido de espionaje en la ciudad.

Una de las hazañas más sonadas fue la entrada de guerrilleros en Antequera y la liberación de algunos presos que a la mañana siguiente iban a ser fusilados.

El día 14 de abril de 1811 se celebraban en Antequera festejos por el nacimiento del hijo de Napoleón. Ese día, cerca de la Peña de los Enamorados, la guerrilla de Roa mató a tres soldados franceses a caballo, aunque Roa no participó por encontrarse enfermo.

El 15 de abril de ese año, atacaron a un convoy que iba a Málaga. En agosto de 1811, cerca de Bobadilla Pueblo, arremetieron contra 40 soldados franceses, produciendo numerosas bajas. Roa iba con todos sus medios humanos, casi 200 personas.

Uno de los éxitos más sonados fue en enero de 1812, cuando atacaron a un convoy cargado de arroz en el que también iban presos, a los que liberaron.

Roa daba premios por «productividad», diríamos aplicando el lenguaje moderno de hoy, pero en otro sentido aplicado a los soldados. Por matar a un francés, el premio era tanto dinero, y si además era oficial del ejército, la recompensa era mayor.

Sables, cuchillos, lágrimas, trabucazos. Eran los guerrilleros el gran temor y miedo de las tropas napoleónicas.

El camino a Málaga se prestaba a ello y existían guerrillas en diferentes pueblos, por citar algunos de los cercanos, Casabermeja, Riogordo y Valle de Abdalajís, sembrando de temor y muerte a los franceses y atacando a los más desprotegidos de forma rápida.

31. La salida de los franceses de Antequera

No se fueron con las manos vacías, ni mucho menos. Se llevaron objetos de arte, joyas y, como hecho más llamativo, la carreta cargada de plata de la iglesia del Carmen, de la que nunca más se supo. Después de dejar nuestros campos yermos, comerse nuestro ganado, incluido el mular, y dejar a los antequeranos con mucha hambre y miseria.

El 3 de septiembre de 1812 se marcharon de Antequera, un día sin más, después de dos años, siete meses y un día; por consiguiente, se produjo en Antequera una alegría general, un suspiro de alivio y risas, pero no en todos los casos.

Numerosos antequeranos se marcharon con los franceses autoexiliados, quizá los primeros de la historia, ante el temor de represalias por haber ayudado a los mismos. Otros se lo pensaron y se quedaron, pero muy temerosos y prácticamente escondidos en sus casas, esperando con cautela a ver cómo pintaba el futuro.

No habían sido derrotados los franceses, como nos han contado, se fueron porque Napoleón necesitaba el ejército para invadir Rusia y estaban cansados de España; combatir a la guerrilla les suponía mucho desgaste y no se observaba fin, por ello dejaron España. Consideraba que había que someter a un gran enemigo como lo era Rusia con su zar, y es en ello donde se inició la caída del Imperio napoleónico. En Rusia se le pararon los pies a Napoleón, fundamentalmente por el frío y la nieve, y cuando llegaban a las poblaciones, estaban vacías de personal. Y ya en otro ámbito y muchos años después, también le pasó al ejército de Hitler, en este caso a bala limpia.

Los antequeranos, empobrecidos, entraron en los sitios y dependencias que habían ocupado los franceses para intentar recoger lo que fuese aprovechable en sus casas. Las personas de la localidad habían sufrido un desastre económico, los habían dejado con la moral por los suelos después de haber sido, en definitiva, avasallados, vilipendiados, esquilmados y robados, además de, sobre todo, haber perdido parte de sus familias.

Hasta el último carro fue requisado, hasta los últimos caballos y mulos fueron enajenados en Antequera y en su vega. Se trataba de llevarse carretones llenos para Francia de los objetos robados que no habían vendido a chamarileros.

Salieron de la ciudad largas caravanas de carretones, muchos de los cuales seguramente no llegarían a Francia y serían malvendidos por el camino. A esa larga caravana, le seguían carretas que vendían alimentos, otras de meretrices que iban allí donde estaba la tropa, como manera de sobrevivir. En fin, un acompañamiento muy abigarrado.

Hay que tener en cuenta que antes de marcharse el ejército de ocupación de Antequera, habían llegado a nuestra ciudad tropas de muchos sitios de Andalucía, de Málaga, de Ronda, de Sevilla, de Jerez. Aquí se concentraban para seguir a Granada y de allí a Valencia, para marchar por la costa a Francia, el ejército francés del sur.

Las mujeres no salían de las casas ante el miedo a los soldados de noche. No se observaba ninguna luz en las viviendas, todo estaba siempre a oscuras; era muy raro ver una luz, por no disponer de aceite para los candiles. Las tiendas de ultramarinos estaban vacías, el hambre era inmensa y había que sobrevivir con muy poco.

Así que los días 1 y 2 de septiembre, había un gran número de soldados franceses en Antequera y sus alrededores. Era la concentración más alta de soldados que en esta ciudad ha habido jamás. Los antequeranos permanecían con las puertas cerradas y asustados, mientras que el cabildo se aprestaba a ver cómo podía darles de comer a los franceses, ya que les habían anunciado que, si no lo hacía, se llevarían prisioneros a los miembros del cabildo o ayuntamiento.

Nos dejaron en paz, eso sí, pero nos dejaron hechos pedazos y sin recursos. Una retirada meticulosamente proyectada por el mariscal Soult, que contaba con el respaldo de un imponente ejército y que llegó a reunir en Huéscar (Granada, dirección Murcia) a decenas de miles de personas, que formaban una inmensa comitiva, incluidos los prisioneros y los uniformados. Con anticipación, se habían encargado de llevarse directamente los tesoros artísticos, que no querían exponer en su marcha.

Los españoles veían con cierta curiosidad tal organización y se preguntaban cuál sería el trayecto que utilizarían en la retirada, que tomó el camino de Osuna y Antequera. En un periódico gaditano, desde el que se observaban los movimientos de la gran caravana, anticipaban el día 29 que esta seguiría por Jaén para llegar hasta Cuenca. Pero el 3 de septiembre ya había alcanzado Granada, donde se detuvo en búsqueda de provisiones para el viaje y para hacer un hueco a todos aquellos que debían dejar la ciudad y acompañarlos, además de dar tiempo a que pudiesen llegar a Huéscar los franceses que abandonaron Córdoba ese mismo día 3, llevando con ellos gran parte del arte religioso transportable de la ciudad.

La comitiva fue un inmenso campamento en marcha, compuesto por entre 60.000 y 70.000 personas, que tardaba tres días en pasar por cualquier punto. Terminó de salir de Huéscar (Granada) el día 27 de septiembre en dirección a Caravaca, entre el sonido de las campanas y la manifestación de alegría de sus habitantes, que sentían como si por su pueblo «hubiesen pasado juntos Atila, la peste y la langosta».

SEXTA PARTE

RESULTADOS DE LA INVASIÓN FRANCESA

32. La llegada del cuarto ejército español

Se dice que cuando entró el ejército español en Antequera, nuestra ciudad fue reconquistada a los franceses. No es así, Antequera no fue reconquistada, es que los franceses se retiraron para irse a Rusia, y el ejército español, que estaba muy bien informado y sabía que se iban, esperó a que se fueran para entrar «victoriosos» en la ciudad. Así cualquiera.

Al día siguiente de irse los franceses, exactamente al día siguiente, llegó a Antequera el ejército español, cuando ya se había marchado hasta el último.

El día antes, hubo un encuentro entre el denominado, rimbombantemente, cuarto ejército español y la retaguardia francesa, diremos una escaramuza insignificante, irrelevante. Los franceses ni se inmutaron, siguiendo su camino tan tranquilos, pero se publicita absurdamente como gran victoria de los españoles.

El número de efectivos ronda casi los 10.000 soldados españoles que entraron en la depauperada Antequera a comer, donde ya no quedaba nada. Pero ya los franceses habían dejado las despensas vacías, incluso con brillo, y nuestro ejército venía a comer. La tropa española estaba formada por voluntarios.

El cuarto ejército español, cuyo mando era el teniente general Ballesteros, vino al completo a Antequera en los últimos días de agosto. Recién salidos los franceses, ahora tocaba aclamar a los españoles, lo mismo que hacía treinta y un meses aclamábamos a los franceses, con la misma fuerza. ¡Así es la vida!

Al día siguiente se marchó el ejército español porque quería ir detrás del ejército francés; eso sí, sin atacarlo, custodiando y vigilando su paso, pero dando la sensación de que iban detrás porque los estaban echando... ¡Qué cosas!

En Antequera el ejército español nombró a un militar, el teniente coronel Arce, como gobernador de la ciudad para que la organizase nuevamente, y este, en el Palacio de Villadarias, donde tantos hechos históricos han ocurrido en Antequera, el día 6 de septiembre de 1812, nombró corregidor a Diego Vicente Casasola Benjumea y a diez regidores o concejales. No había fuerza pública alguna en Antequera, así que era el guerrillero Roa el que con sus hombres sustituyó a la policía, con algunas que otras faltas de justicia o arbitrariedades, como suele suceder en estas cuestiones, según parece, algo frecuente en una situación de este tipo.

Pero salvo el color del uniforme y el idioma de los soldados, poco había cambiado en Antequera, porque el cuarto ejército español requisó todo lo que era posible en una Antequera llena de miseria. El cuarto ejército español no vino a darnos nada, sino a llevarse lo poco que los franceses hubiesen dejado o no encontraron.

Los antequeranos guerrilleros con sus familias regresaron de la sierra del Torcal, los escondidos en las viviendas del campo volvieron y muchos escondidos en sus casas salieron a la calle.

En fin, los antequeranos se vieron ahora obligados a entregar lo que apenas tenían al ejército español. Quien no tenía dinero debía entregar cosas que se valoraban con el importe que se requería, a precios muy bajos. Se registraron entregas tales como un jarro, dos arañas de cristal, un cubierto de plata y una cruz de oro y esmeraldas.

Como «donativo» al ejército español, envía Antequera a Granada 25 mulas con sus aparejos, sogas, etc., cargadas de galletas, a requerimiento de los demandantes. Todo era dar. Nada pudieron recibir los escuálidos y estilizados antequeranos de una España agonizante y convulsa.

El hostigamiento que el general Ballesteros les venía realizando se detuvo en ese momento, tras una proclama cargada de mentiras en las que se jactaba de haber hecho retirar a todo el ejército francés del mediodía español, cuando apenas lo habían incordiado. Un poco ridículo ponerse detrás de un ejército que se marcha y decir que se van gracias a ellos.

Además, señaló que había cumplido su misión: nada menos que haber expulsado al ejército francés con sus acciones y que ya no lo perseguiría en adelante. En realidad, Ballesteros mostraba su desencanto por el hecho de que Wellington, un británico, hubiese sido designado como jefe del ejército español, y no él.

33. España después de los franceses

Los que pensaban que con los franceses podríamos tener cierto resurgimiento se equivocaron. Con ellos y su manera de actuar no se consiguió nada más que empobrecer a nuestra querida España, y quizá, mucho más que la media, la más sufrida fue Antequera debido a ser cabecera militar de distrito.

Entre todos la mataron. Muchos emigraron a otros países lejanos, y a otros las epidemias los quitaron del mapa previamente, bajando la población de la ciudad de forma muy ostensible, de forma intensa.

Los que tenemos la suerte de vivir en el mundo de hoy debemos mirar atrás para estar contentos, ante las calamidades y desventuras de la inmensa mayoría de nuestros ancestros, salvo algunas excepciones, demasiado pocas. A estas excepciones y, por supuesto, al Gobierno, les echábamos la culpa de todas nuestras miserias.

Pero aquí no terminaba la cosa, pues con la restauración del nefasto Fernando VII a su trono que vino a continuación, serían años muy calamitosos, aunque obviamente, como en todo, tuviese incluso sus seguidores, debido a la falta de información y a la ignorancia.

Con la marcha de los franceses, Napoleón nos hizo un mal favor, que fue reponer como rey a Fernando VII, que en definitiva era una persona a la que manejaba bien Napoleón.

En el centro de Francia, en el bello lugar de Valençay, se firmó un tratado por el que se restituía en el trono a Fernando VII, el Deseado, como monarca absoluto. Napoleón lo quita y Napoleón lo pone.

Apenas se hizo cargo del trono, restauró la monarquía absoluta y suprimió los avances sociales habidos en la Constitución de Cádiz, eso para empezar.

Fue el inicio de una época de desilusiones para todos aquellos que habían creído que la lucha contra los franceses era el comienzo de una época brillante para España, pero se convirtió en el inicio de las guerras para la independencia de nuestros países iberoamericanos, lógico en una España empobrecida y sin barcos.

Poco a poco se fueron independizando los países del inmenso imperio que teníamos tras el océano, provocando un empobrecimiento mucho más terrible, además de las pérdidas de vidas humanas y una economía sacrificada por el terrible esfuerzo. Más guerras perdidas, en vez de llegar a pactos y que se independizaran como amigos.

Las consecuencias materiales de la invasión francesa fueron desastrosas para España. A la gran cantidad de muertos y la destrucción de pueblos y ciudades, se unieron la rapiña de muchos franceses y las tropelías de los ingleses.

El bombardeo ordenado por Wellington, por ejemplo, de la industria textil de Béjar, que era competidora de la inglesa, o la destrucción de la Real Fábrica de Porcelana del Buen Retiro en Madrid cuando ya los franceses habían evacuado la capital nos ilustran sobre el trato recibido por los ingleses.

Los franceses arramblaron con todo lo que pudieron, fue la mayor destrucción del patrimonio artístico de España de todos los tiempos. Llegaban con las instrucciones precisas de rapiñar al máximo.

De esta forma, hay obras de arte españolas repartidas por el mundo. Hay cuadros de Murillo y de otras figuras de primerísima línea en el Louvre, también en Rusia, Inglaterra, Austria, Estados Unidos, etc. Además de una amplia obra pictórica en el Museo Wellington en Inglaterra, que siendo recuperada por los ingleses cuando los franceses se la llevaban, se la querían devolver a España, pero nuestro rey Fernando VII tuvo a bien regalársela, ya que no apreciaba para nada el arte y lo que José Bonaparte rapiñó y se llevó consigo. Así que Fernando VII se la regaló a los ingleses, después de pocos años de que los propios ingleses destruyeran nuestra flota en Trafalgar.

Está demostrado que la guerra de la Independencia fue el período de la historia de España donde se produjo la mayor destrucción del patrimonio artístico, por encima de las tres guerras carlistas que tuvimos que soportar, por encima de la guerra civil de 1936, por encima de los distintos enfrentamientos ocurridos en la península. Los franceses llegaron para llevarse todo lo que podían llevarse.

Las tropas de Napoleón camparon a su antojo por todo el territorio español, estableciendo sus cuarteles, polvorines y caballerizas en los mejores edificios, sin importarles que fuesen palacios, iglesias o conventos. Y, lógicamente, robaban todo lo que podían y más. Muchas de las cosas robadas tuvieron que dejarlas en España, pues no les cabían en sus atestadas carretas, que fueron enviando de forma continua a Francia durante la ocupación.

Napoleón autofinanciaba su ejército con las requisas, enajenaciones y robos durante sus conquistas:

joyas, objetos litúrgicos, candelabros y demás objetos pequeños que se llevaban cuando tomaban los diferentes edificios, aparte de ganado y productos agrícolas. Era listo Napoleón, así su ejército le salía casi gratis.

Los generales y mariscales, por supuesto, también requisaban para ellos; la vida es larga y conviene aprovisionar. Por supuesto, los soldados seguían en lo que podían el ejemplo: «Ya que vamos a la guerra y con alta probabilidad no volveremos, pues por lo menos vamos a juntar dinero para la familia».

Hay crónicas de cientos de ejemplos de rapiña y expolio en todas las ciudades. Al parecer, todos los mandos franceses tenían órdenes de apoderarse de las obras de arte que había en España, de autores reputados del siglo XVI, XVII y XVIII. Y llegaron sabiendo perfectamente a qué venían y lo que hacían, pues llevaban un ejemplar del *Diccionario histórico*, publicado en 1800 y obra de Juan Agustín Ceán Bermúdez, uno de los más eruditos e ilustres profesores de Bellas Artes, que era, en definitiva, un catálogo de nuestra riqueza artística. De la conducta francesa se pueden contar incontables ejemplos.

Hay muchísimo escrito de la guerra de la Independencia. Solo en venta en Amazon se pueden contar por encima unas 70 referencias de libros sobre este tema, pero entre todas cabe destacar lo que cuenta José María Ascencio, en 1886 en su volumen sobre el pintor Pacheco, acerca del robo del cuadro *El juicio final* del convento de Santa Isabel de Sevilla: «El individuo encargado de recogerlo entró en la iglesia llevando en la mano un tomo del *Diccionario histórico* del Ceán Bermúdez y, después de examinar el cuadro y leyendo a la vez la descripción, subió al altar y cortó el lienzo con una navajilla».

No robaban nada más que lo bueno o lo que pudiesen vender a chamarileros o cualquier español que tuviese dinero a precio bajo.

Pero generalmente no era así, no se recortaban los lienzos con una navaja, sino que se desmontaban del marco con primor y se hacía un rulo con los mismos; de estos, muchos iban para Francia, pero otros se vendían a precios bajos en España, los cuales al final terminaban fuera de nuestro país. El hambre era mucha.

José Bonaparte, al llegar a Madrid, empaquetó cientos de obras de arte, entre ellas las joyas de la Corona española, y las mandó para Francia. Este es el motivo por que la actual casa real no tiene corona ni joyas oficiales. Y mientras esperaban el viaje, estas obras de arte se apilaban en malas condiciones en los conventos del Rosario y de San Francisco en Madrid.

El que se llevó la palma de robo fue el mariscal Nicolás Jean de Dieu Soult, general en jefe del ejército napoleónico del sur. El mismo mariscal que, tras ordenar la retirada general de las tropas de la región, dio orden de destruir las fortalezas y otros edificios, en su mayoría históricos. El destrozo por las voladuras fue enorme, en Antequera volaron la iglesia de San Salvador (antigua e histórica mezquita) y dejaron arruinados varios conventos.

Este militar insaciable era un enamorado de la pintura sevillana y, concretamente, de la de Murillo, y consiguió reunir una de las mayores colecciones particulares de arte de la historia a costa de los andaluces. En total, se calcula que, solo de los conventos e iglesias de Sevilla, sus hombres y él se llevaron más de 180 cuadros de primeros maestros españoles, entre los que estaban 32 de Murillo, 28 de Zurbarán y 25 de Alonso Cano.

Nicolás Jean de Dieu Soult, el infame y malvado, estuvo en Antequera al menos en dos ocasiones, una de ellas vino de paso desde Málaga a Granada y otra al final, cuando las tropas de Sevilla llegaron a Antequera, en la marcha hacia Francia, pasando por Granada.

Era una persona muy valorada por Napoleón y por su hermano José. En ambas ocasiones se hospedó en el Palacio de Villadarias, que es sin duda el hotel antequerano de los reyes, por las diversas personalidades alojadas allí.

Soult, que no dudaba con amenazar de muerte a quien lo contradecía y además cumplía sus amenazas, era un malvado.

Según lo acordado en el Congreso de Viena, los cuadros y objetos robados fueron parcialmente devueltos a partir de 1816, pero muchos, sobre todo los robados por los oficiales y altos mandos, se esfumaron. Otras obras de arte de España se perdieron por ser utilizadas como moneda de cambio para agradecer favores o por la mala gestión de Fernando VII.

Causaron muchos daños en innumerables palacios, iglesias, conventos, castillos, catedrales (como la de Burgos), panteones (como el del monasterio de Poblet en Aragón), tumbas (como la del Gran Capitán en la propia Granada, que fue saqueada, expoliada y profanada para escarnio de la memoria del gran militar) y cientos de edificaciones de alto valor patrimonial, que fueron destruidas sin escrúpulos. En las tropas había muchos integrantes sin escrúpulo alguno.

Pero no fueron solo los franceses, sino también los ingleses, enemigos de España de siglos anteriores, quienes aprovecharon su paso para dañar y atacar las infraestructuras españolas y así beneficiar a Inglaterra. Al duque de Wellington se le regaló una hermosa finca en Granada, que siguen teniendo sus descendientes, aunque ya muy mermada en su extensión, y donde ha venido en algunas ocasiones el príncipe Carlos y, en su momento, *lady* Diana.

A pesar de todo nos sigue quedando en España mucho patrimonio, siendo sin duda la segunda potencia mundial en ello. Habría que ir recopilando realmente los tesoros en los que España tiene una posición importante a nivel mundial, para que de alguna forma se nos quite esa cierta tristeza que parece haber arraigado en los genes, tras casi siglos de calamidades, hasta que hemos empezado a resurgir.

Si hablamos de pérdidas, no puede faltar hablar de las más importantes: las humanas. Se estima que hubo en total 1.400.000 soldados franceses muertos en todas las guerras napoleónicas (1799 a 1815); de ellos, 170.000 franceses muertos en España, 200.000 en Alemania y un desastre en Rusia, con 650.000.

En España, se estima que murieron unos 300.000 ciudadanos. Cuando se fueron los franceses, en España no había más que diez millones de habitantes.

Por último, la guerra generó un fuerte déficit en las finanzas públicas: en 1815 la deuda estatal superaba los doce mil millones de reales, una cifra monstruosa que ataba el desarrollo. Ahora, en estos tiempos, la deuda pública también es tremenda, vamos a ver qué consecuencias nos acarreará. Nada bueno ocurre, por supuesto, cuando se debe demasiado, por encima de lo que dicta la prudencia.

34. Antequera tras la invasión francesa

Muchos de los afrancesados antequeranos se marcharon a Francia con el ejército francés, otros se fueron a diferentes localidades donde pudiesen tener parientes o amigos, pero los más temerarios se quedaron en Antequera, sufriendo represalias por parte de los vecinos o por los guerrilleros de Roa una vez los franceses se marcharon. Era la hora de la venganza y las secuelas negativas que conlleva la misma.

Con la población analfabeta, con una sanidad de pena, con los niños sin colegio, con insalubridad y falta de saneamiento, sin desagües en las casas, sin luz y, sobre todo, con hambre, la famélica y ultrajada Antequera se debatía en el miedo, la tristeza y el anhelo. Pero aquí no acaba la historia, sino que realmente comienzan muchos años de despropósitos acompañados de algunos lapsus donde parecía que las cosas habían cambiado. Toda situación mala es susceptible de empeorar.

Las industrias artesanales casi desaparecieron, como la textil lanera, ya que los rebaños de ovejas sirvieron para alimentar a las tropas.

El transporte de mercancías se paralizó, pues los bueyes, mulos, caballos y otros animales de tiro fueron incautados por los militares y en gran parte sirvieron para su propia alimentación. Nos quedamos sin mulos ni bueyes para cultivar el campo, bajando las producciones agrícolas.

El patrimonio histórico, en alta medida, quedó arruinado. Todo esto además de la epidemia previa. En fin, un drama.

Transcurrieron treinta o cuarenta años hasta levantar algo la cabeza, en los que el empresariado antequerano, muy adelantado al resto de Andalucía, creó industrias que dieron puestos de trabajo.

Con la desamortización, es decir, que el Estado se apropiara de los bienes del Ayuntamiento e Iglesia, se intentó que, con el dinero conseguido en las subastas, disminuyese la deuda pública, que era abrumadora. Pero esto no arregló la situación, sino que la empeoró. Las fincas fueron compradas por capitales básicamente no antequeranos.

Los compradores deforestaron el término para hacer los pagos de las adquisiciones, haciendo leña, y los agricultores que tenían alquiladas las tierras a bajo precio tuvieron que dejarlas libres, aumentando el paro y la pobreza. Íbamos por una pendiente abajo, en caída libre. Se hacían esfuerzos para cambiar las cosas, pero no había forma. Muchos antequeranos se tuvieron que ir a América.

España se separaba del desarrollo industrial de Europa, que no habíamos ni iniciado en realidad por las causas expuestas.

Después de siglos de esplendor, Antequera fue modelo dentro este intenso declive, pero, afortunadamente, resultó una privilegiada debido a un grupo de antequeranos, empresarios con iniciativa, que fueron capaces de crear industrias.

Cuando aquellos hijos de la dulce Francia se fueron para siempre, dejaron un odio al francés que duró muchas décadas. Nos dejaron en la más absoluta miseria, en una ruina tremenda en todos sus órdenes.

SÉPTIMA PARTE

A MODO DE RESUMEN

35. Epílogo

Es importante para los antequeranos conocer la historia de nuestra ciudad, entendiendo por antequeranos a aquellos nacidos o no en Antequera, pero que la quieren, ya que en definitiva los antequeranos podemos nacer en cualquier parte.

Soy entusiasta del cine que se basa en hechos reales, y la ocupación de Antequera por el ejército de Napoleón bien merece una película. La divulgación de la historia es fundamental para entender el presente y planificar el futuro.

El atractivo turístico de Antequera, al estar a treinta minutos de la Costa del Sol por carretera o ferrocarril, hace pensable un porvenir exitoso en este campo, y necesita divulgar a fondo su historia y su patrimonio sin descanso, de forma permanente.

La ocupación francesa no nos dejó ninguna mejora patrimonial, solo nos produjo una gran ruina con la que iniciamos el declive de nuestro país a principios de 1800, que, como bola de nieve, va en aumento hasta años después de terminada nuestra guerra civil del 36.

Con esta situación general, no pudimos entrar en la Revolución Industrial, de tanta fuerza en Europa, fundamentalmente en Inglaterra, Alemania y Francia, perdiendo dicho tren de empleo y riqueza.

Antequera tiene en su haber el haber sido una de las pocas ciudades andaluzas que entró en la industrialización, con las famosas mantas, fundamentalmente. En general, no reconocemos el mérito de haber tenido una industria potente y la calidad del empresariado, pero sí atribuimos el cierre de esta a la ineptitud de estos empresarios, cuando no fueron ellos la causa, ni muchos menos. Somos un poco masoquistas en este aspecto e interpretamos al revés.

Por otro lado, durante años se les ha echado la culpa al propietario agrícola y a la Iglesia de nuestros males, cuando no es así. Nos quejamos de la mala distribución de la propiedad, como si el reparto del terreno hubiese sido la solución.

A la Iglesia se le despojó de sus bienes hace ya casi dos siglos, y el problema de la mala situación económica no es por el agricultor grande, sino por la inadecuada estructura en las comunicaciones y la falta de industrialización, porque los apoyos han ido a otras regiones.

En Antequera, parte de su patrimonio se ha salvado, yo diría que milagrosamente, y ha intervenido en ello, y mucho, la colaboración ciudadana. En numerosos lugares esto no ha ocurrido y solo se ven bloques de pisos antiestéticos y comoditos. En Antequera, en cambio, hay muchas y bellas construcciones del pasado.

Pero queda mucho por poner en valor, lo que requiere un plan muy definido y después ver la forma de ejecutarlo, aunque los conceptos están claros.

Por su historia, por su ubicación estratégica y, sobre todo, por la calidad de sus ciudadanos, sin duda se aventuran tiempos interesantes para la población, la agricultura, la industria y el comercio, aparte del turismo.

En Antequera se conjugan historia, patrimonio y vida. Es una ciudad ideal para vivir, es una ciudad cómoda, bella y residencial.

OCTAVA PARTE

ANEXOS

36. Otros libros escritos por el autor (a 31 de diciembre de 2021)

1. *El olivo, prodigio hasta morir*. Año 2004. Ediciones Osuna (Granada). Escrito junto a Federico Moldenhauer (de este libro estimo que se han efectuado un total de 6.000 ejemplares).

2. *La verdadera verdad del abonado del olivo en riego por goteo*. Año 2005. Ediciones Osuna. Escrito junto a F. Moldenhauer. Está en internet y ha tenido más de 60.000 visitas. Su uso es habitual en cursos de formación.

3. *Antequera, recuerdos del ayer*. Año 2005. Ediciones Osuna. En total 1.000 ejemplares. Con la colaboración de Federico Moldenhauer. Se puede leer en internet en mi blog.

4. *Aparte de soñar nos queda el mundo*. Año 2005. Impreso por Talleres AGM, Arroyo de la Miel (Málaga),

bajo el cuidado de Mavi León (libro de poesías). Junto a Carmen Requena.

5. *Antequera, otra vez*. Año 2008. Publicado por el Ayuntamiento de Antequera.

6. *Herogra, empresa centenaria*. Año 2016. Con el que se celebraba el primer centenario de la empresa, donde el autor era gerente y coordinador general del grupo. Libro de regalo a clientes.

7. *Estrategias de ventas en el sector fertilizantes*. Año 2018. Editorial Osuna. Es un libro de referencia en el sector.

NOTA: Los libros reseñados hasta aquí están actualmente agotados; los que siguen son todos editados por la misma editorial en Antequera y no se agotan porque se editan de forma continua a demanda. Se pueden pedir a librerías de Antequera, a la propia editorial o bien a plataformas como Amazon, Casa del Libro y Agapea.

Las portadas de los libros —a partir del nueve, incluido— han sido confeccionadas por Efecto 3D

(Alcalá de Guadaira), empresa de mi hijo José Luis Sánchez-Garrido García.

8. *Callejeando por antequera*. ExLibric, junio 2020. Presentado en Antequera, calle Merecillas 28, en noviembre de 2020.

9. *La conquista de la Antequera musulmana*. ExLibric, 2020.

10. *Barbate, Barbate*. ExLibric, 2020. Presentado en Barbate, en Recinto Cultural El Matadero, el 20 de agosto de 2021 (demorado antes por la pandemia).

11. *Historias y leyendas de mi Antequera*. ExLibric, 2020.

12. *Mis lamentables y tristes poemas*. ExLibric, 2020.

13. *Yo no vendo, me compran*. ExLibric, 2020.

14. *El gerente, un puesto no recomendable*. ExLibric, 2020.

15. *Las últimas mantas de Antequera*. En colaboración con Manuel Salazar Cobos. ExLibric, 2020.

16. *Antequera, Venecia, Barbate*. ExLibric, 2021. Historia real con toques de humor de unas vacaciones.

17. *Antequera santa*. ExLibric, 2021.

18. *Fermín Requena. Poeta de la historia*. ExLibric, 2022.

37. Algunos datos sobre el autor

Este libro es el décimo noveno que publica el autor, si bien durante su larga vida profesional y dentro del contexto de las empresas donde ha trabajado, siempre ha destacado, entre otras cosas, por sus escritos y trabajos de investigación, estudios de mercado, *marketing* y planificación, entre otros.

El espíritu inquieto del mismo ha sido el causante, posiblemente, de su amplia y creativa vida laboral, que, junto a su constancia, le ha hecho acreedor del diseño y desarrollo de numerosos proyectos, en su mayoría vigentes, y de nuevos productos, nuevos sistemas de fabricación y aplicación en el campo de los fertilizantes en general y, muy especialmente, en el de los abonos líquidos, donde es un pionero en España y una figura en abonos líquidos complejos a nivel internacional.

Retirado en su Antequera natal, tema que siempre ha tenido claro, se dedica a estudiar la historia, el presente y pensar en el futuro de esta, sin olvidar su profesión. «Mientras Dios me dé fuerzas y procurando transferir mis modestas conclusiones existenciales», según él mismo confiesa.

Índice

Acerca de...

José Luis Sánchez-Garrido y Reyes es Ingeniero Técnico agrícola y la figura base en España de los abonos líquidos, de los cuales es pionero, investigador, divulgador, ejecutivo de empresas y finalmente Gerente de un importante conjunto, como es «Herogra Group», dedicando más de 50 años de actividad infatigable a la nutrición vegetal siendo una figura reconocida a nivel nacional e internacional, que ha aportado a la agricultura numerosas innovaciones técnicas.

Ha recibido numerosos reconocimientos a lo largo de su trayectoria y aparte de ello le encanta leer y escribir; ya jubilado, se dedica en alta medida, a hacer lo que siempre le ha gustado y más ahora en su Antequera natal, donde ha vuelto con su Trini a sus raíces como siempre había soñado.

9 788419 269720